AF217317

TRAINING

Gymnasium

Deutsch
Aufsatz 7./8. Klasse

Frank Kubitza

STARK

Bildnachweis
Umschlagbild: © ullstein bild – JOKER / Gudrun Petersen (Design Museum in London, GB)
S. 5: © Digitalpress – Fotolia.com
S. 7: © Alexander Fedorov / Dreamstime.com
S. 8: © EkaterinaN. Shutterstock
S. 11: © ullstein bild – Lebrecht Music & Arts Photo Library
S. 12: © Yuri Arcurs – Fotolia.com
S. 14: © Marem – Fotolia.com
S. 16: © Voronin76. Shutterstock
S. 17: © Miodrag Gajic / Dreamstime.com
S. 18: © Marek Kosmal – Fotolia.com
S. 21: © Benicce – Fotolia.com
S. 22: © Dmitry Goygel-sokol / Dreamstime.com
S. 27: © Benicce – Fotolia.com
S. 29: © Andres Rodriguez / Dreamstime.com
S. 31: © Marcel Schauer – Fotolia.com
S. 32: © lililu – Fotolia.com
S. 33: © cs-photo – Fotolia.com
S. 35: © Klaus Eppele – Fotolia.com
S. 41: © J. McPhail. Shutterstock
S. 42: © ullstein bild – Roger-Viollet
S. 43: © DX – Fotolia.com
S. 45: © JackF – Fotolia.com
S. 46: © photoGrapHie – Fotolia.com
S. 47: © Olena Zaskochenko. Shutterstock
S. 50: © Siegfried Schnepf – Fotolia.com
S. 52: © isabel kendzior. Shutterstock
S. 54: © Lookit.org – Fotolia.com
S. 55: © Alessia Epp – Fotolia.com
S. 57: © amridesign – Fotolia.com
S. 59: © Antonio Guillem. Shutterstock
S. 61: © Orla / Dreamstime.com
S. 65: © Chad McDermott – Fotolia.com
S. 67: © mic. – Fotolia.com
S. 71: © Tomo Jesenicnik – Fotolia.com
S. 73: © Marleny Sarduy Escobar – Fotolia.com
S. 74: © Antroxu / Dreamstime.com
S. 76: © Monkey Business – Fotolia.com
S. 78: © Monkey Business Images – Dreamstime.com
S. 81: © James Steidl / Dreamstime.com
S. 82: © Natalia Pavlova – Fotolia.com
S. 85: © Franz Pfluegl – Fotolia.com
S. 86: © Bernd Kröger – Fotolia.com
S. 89: © seen – Fotolia.com
S. 90: © cobalt88. Shutterstock
S. 92: © Scott Griessel – Fotolia.com
S. 95: © U.P.images – Fotolia.com
S. 99: © Daboost. Shutterstock
S. 101: © Sergey Novikov. Shutterstock
S. 102: © wanty – Fotolia.com
S. 104: © Starpics – Fotolia.com
S. 108: © Loic350 – Fotolia.com
S. 110: © gajatz – Fotolia.com
S. 113: © CALLALLOO Canis – Fotolia.com
S. 114: © Tischenko Irina. Shutterstock
S. 115: © Eastwest Imaging / Dreamstime.com
S. 117: © Amir Kaljikovic – Fotolia.com
S. 121: © LVDESIGN – Fotolia.com
S. 123: © kk-artworks – Fotolia.com
S. 125: © Phototom – Fotolia.com

© 2023 STARK Verlag GmbH, Claudius-Keller-Str. 3c, 81669 München, info@stark-verlag.de
www.stark-verlag.de
1. Auflage 1997

Das Werk und alle seine Bestandteile sind urheberrechtlich geschützt. Jede vollständige oder teilweise Vervielfältigung, Verbreitung und Veröffentlichung bedarf der ausdrücklichen Genehmigung des Verlages. Dies gilt insbesondere für Vervielfältigungen, Mikroverfilmungen sowie die Speicherung und Verarbeitung in elektronischen Systemen.

Inhalt

Autor: Frank Kubitza

Vorwort

Liebe Schülerin, lieber Schüler,

dieses Buch hilft dir, bessere Aufsätze zu schreiben und gekonnt Referate zu halten. Es bietet dir neben den nötigen Basisinformationen viele abwechslungsreiche Übungen, mit denen du schrittweise das Schreiben verschiedener Arten von Aufsätzen trainieren kannst – denn es ist wichtig, deine Fähigkeiten in der Praxis zu erproben und zu erweitern.

Du findest in diesem Buch Kapitel zu den **verschiedenen Formen von Aufsätzen**, die du beherrschen solltest. Die einzelnen Kapitel bieten dir zunächst **grundlegendes Wissen** zu den einzelnen Aufsatzarten. Dieses Wissen kannst du gleich in den **Übungen** anwenden: Anhand einer Vielzahl aufeinander aufbauender Aufgaben zu unterschiedlichen, motivierenden Themen kannst du Schritt für Schritt die jeweils nötigen Fertigkeiten üben. Am Ende eines jeden Kapitels gibt es eine **Checkliste**, die dir hilft, deine erledigten Aufgaben zu überprüfen, *bevor* du in den **Lösungen** am Ende des Buches nachliest. Die Checklisten dienen auch als kompakte Zusammenfassung der Kapitelinhalte und helfen dir, im Unterricht, in den Hausaufgaben und in Klassenarbeiten einen Aufsatz richtig aufzubauen und auszuformulieren.

Das Besondere an diesem Trainingsbuch ist, dass die Lösungen sehr ausführlich sind und dadurch eine wirkliche Hilfe darstellen, damit du dich verbessern kannst. Natürlich sind die Aufsätze in den Lösungen nur ein Vorschlag – sie sollen dir als Anhaltspunkt dienen.

Viel Erfolg bei der Arbeit mit diesem Buch!

Frank Kubitza

Sieben Schritte zum Aufsatz

Wenn du gute Aufsätze schreiben willst, solltest du einige grundlegende **Arbeitstechniken** beherrschen.

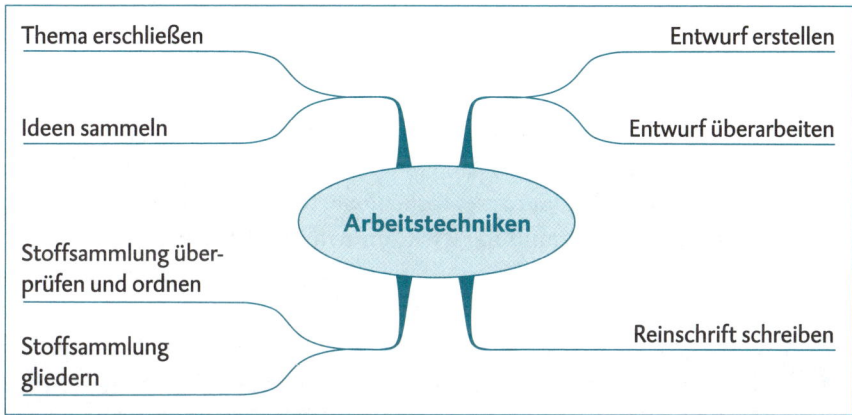

Wir haben die einzelnen Arbeitsschritte, die du für einen guten Aufsatz beherrschen solltest, voneinander getrennt. Beim Schreiben laufen die einzelnen Tätigkeiten oft **parallel** oder gehen ineinander über. Um effektiv zu trainieren, solltest du zu Übungszwecken die einzelnen Phasen bewusst und sorgfältig nacheinander abarbeiten. Am wichtigsten sind diese Arbeitstechniken für die begründete Stellungnahme und die Erörterung.

1 **Thema erschließen:** Als Allererstes musst du dir das **Thema genau anschauen.** Halte dir vor Augen, welcher **Aufsatztyp** von dir verlangt wird, und überprüfe das Thema Wort für Wort auf Hinweise, was du schreiben sollst.

2 **Ideen- und Stoffsammlung:** Bei manchen Themen sitzt du vor dem leeren Blatt und dir fällt im ersten Moment überhaupt nichts ein. Nimm dir **Zeit** zum **Nachdenken.** Schreibe einfach **ungeordnet in Stichworten** auf, was dir zu diesem Thema einfällt: Bilder, Situationen, Argumente, Erlebnisse, Gespräche, Beobachtungen, Zitate, Zeitungsnachrichten, Fernsehsendungen usw. Jedes einzelne Stichwort kommt in eine neue Zeile. Um noch etwas einfügen zu können, ist es sinnvoll, zwischen den einzelnen Stichworten eine Leerzeile zu lassen. Dabei können dir die **W-Fragen** helfen: Wer, was, wann, wo, warum, wozu, wodurch, wessen, wem, wen, wie? Um Ideen zu sammeln, kann auch eine Mind-Map hilfreich sein.

3 **Stoffordnung:** Wenn du genügend Stichpunkte gesammelt hast, solltest du dir deinen Notizzettel **kritisch durchlesen:** Was passt wirklich zum Thema, wo gibt es Wiederholungen, ist die Idee wirklich gut? Streiche weg, was dich selbst nicht vollständig überzeugt.

Beim kritischen Durchlesen sind dir sicher Stichworte aufgefallen, die zusammengehören. Überlege dir, nach welchen **übergeordneten Gesichtspunkten** deine Ideen geordnet werden könnten. Diese Oberbegriffe kannst du nun wieder unterteilen in **Unterbegriffe**. Auf deinem Notizzettel kannst du außerdem die zusammengehörenden Ideen mit Farben oder Markierungen kennzeichnen. So kannst du deine Stoffsammlung leicht ordnen und hast eine gute Basis für den nächsten Arbeitsschritt.

4 **Gliederung:** Du hast die zusammengehörenden Ideen in der Stoffsammlung schon markiert. Bevor du zu schreiben anfängst, solltest du dir einen **Schreibplan** machen. Du musst dir überlegen, in welcher Reihenfolge du deine Ideen zu Papier bringen willst. Was soll in die **Einleitung**? Welche Idee kommt im **Hauptteil** als erste, welche als zweite? Welche Idee gehört in den **Schluss**? Die Gliederung ist eine Art Entwurf, der dir hilft, deine Gedanken zu ordnen und nicht einfach nur draufloszuschreiben. Es kann sein, dass du beim Schreiben merkst, dass du deine Ideen noch einmal umstellen musst, sodass deine Gliederung am Ende anders aussieht, als du sie entworfen hast. Das ist so in Ordnung.

5 **Ausarbeitung:** Nachdem du die gründliche Vorarbeit geleistet hast, kannst du nun den Aufsatz schreiben. Du orientierst dich an deiner Gliederung, damit dein Text sinnvoll aufgebaut ist. Ein Blick auf die Stoffsammlung kann dir noch einmal helfen, kein Argument oder keinen Gedanken auszulassen. Denke daran, dass dein Text eine Einleitung, einen Hauptteil und einen Schluss haben sollte.

6 **Überarbeiten:** Niemand kann auf Anhieb einen perfekten Text schreiben. Deswegen ist es wichtig, dass du das, was du geschrieben hast, noch einmal überarbeitest. Das gilt für Aufsätze, die du zu Hause als Hausaufgabe schreibst, aber auch für Klassenarbeiten und Prüfungen. In einer Prüfungssituation kannst du wahrscheinlich nicht deinen gesamten Text noch einmal überarbeiten, aber du kannst deine Stoffsammlung und deine Gliederung sorgfältig prüfen und überarbeiten, bevor du deinen Text verfasst.

Grundsätzlich solltest du darauf achten, dass dein Aufsatz
- dem Thema gerecht wird,
- logisch aufgebaut ist und die dargestellten Zusammenhänge klar werden,
- sprachlich den Anforderungen an die geforderte Textsorte entspricht,
- flüssig zu lesen ist (z. B. aufgrund eines abwechslungsreichen Satzbaus),
- eine passende Länge hat und
- für den Leser oder die Leserin verständlich und nachvollziehbar ist.

7 **Reinschrift schreiben:** Bei einem unleserlich geschriebenen Aufsatz konzentriert sich der Lehrer oder die Lehrerin auf das Entziffern der Wörter und schenkt dem Inhalt weniger Aufmerksamkeit. Deswegen ist es wichtig, dass dein Aufsatz ordentlich geschrieben ist. Wenn du deinen Aufsatz mit den oben genannten Arbeitsschritten gründlich vorbereitet hast, fällt es dir leichter, einen auch im Schriftbild sauberen Aufsatz zu verfassen.

Arbeitstechniken Deutsch

1 Recherchieren

Recherchieren heißt, **nach Informationen zu suchen**. Jeder Text ist nur so gut wie die Informationen, auf denen er beruht. Auch für literarische Texte, z. B. für Romane, recherchieren die Autorinnen und Autoren – manchmal mehrere Jahre lang. Sie unternehmen für ihre Recherchen sogar lange Reisen.

Dein Ziel beim Recherchieren soll es sein, einen **Überblick** über die wesentlichen Informationen zu bekommen, damit du sie später sichten kannst, denn: Die Informationen, die du beim Recherchieren erhältst, werden immer umfangreicher sein, als diejenigen Informationen, die der Endtext enthält.

1.1 Was muss ich tun, bevor ich recherchiere?

Recherchieren heißt oft, die Nadel im Heuhaufen zu suchen – denn du findest eher zu viele Informationen als zu wenige. Deswegen musst du dir genau überlegen, was du schon über das Thema weißt, wonach du suchen willst und wie du suchen willst.

Es ist sinnvoll, sich zuerst einmal selbst **über das Thema Gedanken zu machen**, d. h., gewissermaßen im eigenen Kopf zu recherchieren: Nimm dir dafür ein bisschen Zeit und lehne dich einfach zurück. Die Zeit, die du für das Nachdenken brauchst, ist nicht verschwendet. Überlege, was dir spontan zum Thema einfällt, und schreibe einfach alles **ungeordnet in Stichpunkten** auf: Bilder, Situationen, Meinungen, Argumente, Erlebnisse, Gespräche, Beobachtungen, Beispiele, Zitate, Thesen, Zeitungsnachrichten, Fernsehsendungen usw. Jedes einzelne Stichwort kommt in eine neue Zeile. Lass zwischen den einzelnen Stichworten eine Leerzeile, damit du später weitere Gedanken hinzufügen kannst.

✔**TIPP:** Wenn dir überhaupt nichts zu einem vorgegebenen Thema einfällt, dann helfen dir folgende **W-Fragen:**
Wer? Was? Wann? Wo? Warum? Wozu? Wodurch? Wem? Wessen? Wen? Wie?

Beispiel
Du hast die Aufgabe, ein Kurzreferat über Otfried Preußlers Roman *Krabat* zu halten. Bevor du nach Informationen suchst, ist es sinnvoll zu überlegen, welche Informationen dein Text enthalten soll und wie du bei der Suche vorgehen willst. Du stellst z. B. folgende Fragen:

- Wer ist Otfried Preußler?
- Warum hat Otfried Preußler das Buch geschrieben?
- Was ist der Inhalt des Romans?
- War das Buch erfolgreich?
- Wie wird das Buch von Kritikern bewertet?
- Kannst du das Buch weiterempfehlen?
- Welche Informationsquellen stehen zur Beantwortung der Fragen zur Verfügung?
- In welchem Zeitraum und mit welchem Aufwand können diese Quellen genutzt werden?
- Welche Informationsmöglichkeiten können herangezogen werden, um einen ersten Überblick zu gewinnen?

Die **Informationsquellen**, die du jeweils heranziehst, **hängen** in ganz erheblichem Maße **davon ab, wofür du recherchierst:** ob für ein Referat oder für eine bestimmte Textsorte. Außerdem wirst du in der Oberstufe weit umfangreicher recherchieren müssen als in der Unter- und Mittelstufe.
Für ein Kurzreferat werden in der Schule z. B. meist wenige, nicht sonderlich umfangreiche **Texte** zugrunde gelegt, über die du referieren sollst. Zusätzliche Informationen kannst du einschlägigen **Lexika** und dem **Internet** entnehmen.

1.2 Wo finde ich Informationen?

Wenn du zu einem vorgegebenen Thema – z. B. für ein Kurzreferat oder für einen Aufsatz – Informationen sammeln möchtest, muss dir klar sein, **woher** du das benötigte **Wissen beziehen** kannst. Hier erfährst du, welche Möglichkeiten der Informationssuche du generell und besonders für eine Buchvorstellung (eine häufige Aufgabenstellung) hast:

Informationsquellen für einen Aufsatz / ein Referat

- Du kannst Informationen in einem **Lexikon** nachschlagen, das du zu Hause, in der Schulbibliothek oder in der Stadtbücherei findest.
- Auch im **Internet** findest du sehr viele Informationen. Die solltest du aber immer kritisch prüfen (siehe unten).
- Oft ist es hilfreich, eine **Lehrkraft** oder einen anderen **Experten** zu fragen. Aufgrund ihrer Ausbildung haben sie meist einen guten Überblick und können Tipps geben.
- Wenn du dich zu einem **Buch** genauer informieren willst, helfen folgende Tipps:
  - Erste Informationsquelle ist das Buch selbst. Im **Klappentext** findest du Informationen zum Autor/zur Autorin und zum Inhalt. Natürlich solltest du das Buch auch selbst lesen.
  - Wenn du dich zu einem Buch genauer informieren willst, kannst du **Sekundärliteratur** zurate ziehen (siehe unten).

Wie komme ich an Sekundärliteratur?

„Sekundärliteratur" nennt man **Aufsätze oder Bücher**, die **über ein anderes Buch** geschrieben worden sind. Über die **Kataloge** der Bibliotheken kannst du solche Sekundärliteratur recherchieren. Das geht am schnellsten übers Internet: Die meisten Bibliotheken bieten einen **OPAC** (Online Public Access Catalogue) an, also einen öffentlich zugänglichen digitalen Katalog, mit dessen Hilfe du herausfinden kannst, welche Bücher zu deinem Thema wo zu finden sind. Hilft der OPAC einmal nicht weiter, gibt es in jeder Bibliothek auch Kataloge in Karteikartenform, die du nutzen kannst. Gehe einmal in eine Bücherei in deinem Ort und lasse dich von der Bibliothekarin oder dem Bibliothekar beraten. Wenn ein Buch vor Ort nicht vorhanden ist, kannst du es dir über eine **Fernleihe** bestellen. In deiner Bücherei hilft man dir dabei.

Wo finde ich gute Informationen im Internet?

Das Problem bei Informationen, die du im Internet findest, ist folgendes: Im Internet kann jeder veröffentlichen. Wenn du dich auf einer Internetseite informierst, dann weißt du nicht, ob der Autor bzw. die Autorin Fachwissen besitzt. Aus diesem Grund musst du **kritisch sein, wenn du im Internet recherchierst.**

Die Recherche mithilfe von Büchern ist dagegen etwas einfacher, da die Verlage kompetente Autorinnen und Autoren auswählen und die Texte von Lektoren überprüft und bearbeitet werden. Wenn du Informationen für ein Referat im Netz suchst, können folgende Internetadressen nützlich sein:

- **Wikipedia:** In diesem Internet-Lexikon findest du meist gute Informationen und Links, weil die Artikel immer wieder von der Leserschaft kritisch geprüft und überarbeitet werden.
- **Kindersuchmaschinen:** Mithilfe von Suchmaschinen wie *blinde-kuh.de, helles-koepfchen.de* oder *frag-finn.de* kannst du Informationen zu allen möglichen Themen ausfindig machen. Der Vorteil dieser Seiten für Kinder und Jugendliche ist, dass die gefundenen Treffer von Redakteuren geprüft sind.
- **Andere Suchmaschinen:** Kommst du über die Kindersuchmaschinen nicht weiter, kannst du auch bei *Google, Yahoo, DuckDuckGo, Bing* oder einer anderen Suchmaschine die gewünschten Begriffe eingeben. Hier musst du aber immer entscheiden, ob die gefundenen Informationen etwas taugen.
- **projekt-gutenberg.org:** Hier findest du viele vollständige literarische Texte und Informationen zu den Autorinnen und Autoren.

⟋**TIPP:** Besonders im Internet findet sich eine Vielzahl von Informationen, die du nicht alle Wort für Wort lesen kannst. Um schnell zu entscheiden, ob der Text für dich wichtige Informationen enthält, musst du den Text **diagonal lesen**. Du **überfliegst** den Text also unter der Fragestellung, ob er für dein Thema relevante Aspekte enthält.

Aufgabe 1 Du sollst ein Kurzreferat zum Thema *Warum war und ist die Jugendbuchautorin Enid Blyton so erfolgreich?* halten.

Recherchiere im Internet und notiere zwei Internetseiten, auf denen du hilfreiche Informationen für dein Thema findest.

1.3 Wie werte ich das Material aus?

Die Informationen, die du gefunden hast, müssen **genau gesichtet** werden, um herauszufinden, ob die Informationen **für dein Thema brauchbar** sind. Dafür musst du den Text genau, also Wort für Wort, lesen und die für dich interessanten Informationen markieren, zusammenfassen oder wörtlich herausschreiben. Dabei kann dir die 5-Schritt-Lesemethode helfen:

Die 5-Schritt-Lesemethode

1. Im ersten Schritt überfliegst du den Text ein- oder zweimal und verschaffst dir so einen **groben Überblick**. Die Überschrift, die Anfänge der einzelnen Abschnitte, Schlüsselwörter oder bekannte Begriffe können dir dabei eine Vorstellung vom Textinhalt vermitteln.

2. Nun musst du dir überlegen, welche **Aspekte** der Text behandelt.
   Auf welche Fragen gibt der Text eine Antwort?
   Welche Informationen bringt der Text für mein Thema?

3. Jetzt wird der Text Abschnitt für Abschnitt **gründlich** gelesen. Du **unterstreichst** und **markierst** die wichtigsten Aussagen und Schlüsselbegriffe (keine ganzen Sätze!). Dabei musst du darauf achten, nicht zu viel zu unterstreichen, damit die **Übersicht über die wesentlichen Textaussagen** erhalten bleibt.
   Unbekannte Begriffe schreibst du heraus und klärst sie mithilfe eines Lexikons.

4. Nach jedem Sinnabschnitt notierst du das Wichtigste **kurz** in eigenen Worten.

5. Zum Schluss fasst du die **zentralen Informationen** des Textes nochmals knapp zusammen.

Wenn du Texte auf diese Weise auswertest, solltest du folgende Hinweise berücksichtigen:

- **Richtig unterstreichen:** Mit Unterstreichungen kannst du schon beim ersten Lesen **Wichtiges hervorheben**. Unterstreiche aber nicht ganze Zeilen, sodass am Ende drei Viertel des Textes unterstrichen sind, sondern nur die **Schlüsselbegriffe**. Wenn du einen längeren Abschnitt für wichtig hältst, dann mache einen Strich am Rand und unterstreiche später einzelne Begriffe, wenn du den Text besser kennst.

- **Exzerpieren:** Wenn du Textstellen wörtlich als **Zitat** übernehmen willst, musst du sie herausschreiben oder kopieren. Dabei darfst du nicht vergessen, dir die **Quelle** zu notieren. Du kannst auch längere Textpassagen mit eigenen Worten zusammenfassen. Am besten gibst du alles, was du verwenden willst, gleich in den Computer ein.

✐ **TIPP:** Den Notizzettel, auf dem du mithilfe der 5-Schritt-Lesemethode die wesentlichen Informationen eines Textes zusammengefasst hast, solltest du dir danach **kritisch durchlesen:**

- Was passt wirklich zum Thema, wo gibt es Wiederholungen, ist die Idee wirklich gut? Streiche weg, was dich selbst nicht ganz überzeugt.
- Beim kritischen Durchlesen fallen dir sicher **Stichworte** auf, die **zusammengehören**. Überlege dir, nach welchen übergeordneten Gesichtspunkten deine Ideen geordnet werden könnten. Auf deinem Notizzettel kannst du die zusammengehörigen Ideen mit Farben oder Markierungen kennzeichnen.

Aufgabe 2   Unterstreiche in dem folgenden Artikel die Stellen, die Informationen darüber beinhalten, warum Enid Blyton eine so erfolgreiche Autorin war.

Mutter von „Hanni und Nanni"

1 Das Lesevergnügen war stets eng an Dolly Rieders Lebenslauf gebunden: Immer, wenn sich das Temperamentbündel entschloss, ein weiteres Schuljahr oder später
5 sogar die Berufsausbildung auf Burg Möwenfels zu absolvieren, war die Fortsetzung der Internatsgeschichte sichergestellt, gab es ein Wiedersehen mit der Protagonistin, ihren Freundinnen Susanne,
10 Will und Clarissa, mit der Direktorin Frau Greiling und mit „Pöttchen", der Hausvorsteherin. Denn, Hand aufs Herz: Wer konnte sich Dolly ohne Burg, die Burg ohne Dolly oder Ferien ohne ein Buch aus
15 der gleichnamigen Serie vorstellen? Auf diese Weise prägte sich auch der Name der Autorin fest ins Gedächtnis ein: Enid Blyton. Die Schriftstellerin, geboren am 11. August 1897 in London, hätte 1997
20 ihren 100. Geburtstag gefeiert. Die Engländerin ist die geistige Mutter vieler Buchserien, die bereits ganze Generationen von Kindern und Jugendlichen verschlungen haben. So galten und gelten
25 ihre Best- und Longseller „Dolly" (18 Bände), „Hanni und Nanni" (19 Bände),

„Tina und Tini" (14 Bände) und die „Fünf Freunde" (22 Bände) als unfehlbares Rezept gegen „Lesehunger" – scheinbar al-
30 terslos, gegen jeden Trend und jede Zeitgeist-Entwicklung gefeit. „Mein Vorsatz, später einmal Schriftstellerin zu werden, stand bereits fest, als ich lesen lernte", schreibt Enid Blyton in ihrer Autobio-
35 grafie „Die Geschichte meines Lebens".

Zunächst aber lässt sie sich auf Wunsch ihrer Eltern zur Musikerin ausbilden. Doch auch während dieser Zeit schreibt sie Gedichte und Geschichten, die
40 sie zur Veröffentlichung anbietet – ohne Erfolg. Mindestens 500 Manuskripte werden zurückgeschickt. „Sei vernünftig, liebes Kind! Strebe nicht nach Himmelsträumen, sondern merke dir geschwind: Tätig
45 sollst du sein, nicht träumen", schreibt ihr daraufhin ein wohlmeinendes Familienmitglied ins Poesiealbum.

Doch Enid Blyton entwickelt eine Idee, die sie ihrem Traumberuf ein ganzes
50 Stück näherbringt: „Kindergärtnerin wäre der ideale Beruf für mich. Dass ich nicht schon früher auf die Idee gekommen war!

Ich wollte doch gern für Kinder Bücher schreiben, kam aber auf dem bisherigen
55 Weg nicht so recht voran. Als Kindergärtnerin würde ich täglich mit Kindern zusammen sein, sie reden hören, sie beim Spielen beobachten, genau herausfinden, wovor sie sich fürchten und was sie sich
60 wünschen."

Tatsächlich entwickelten sich ihre Schützlinge zu Ideenlieferanten und Lehrern. Auf diese Weise einmal in Gang gesetzt, führt der kreative Prozess schließlich
65 zum Erfolg: 1922 erscheint Enid Blytons erstes Buch: „Child Whispers".

Enid Blyton mit zwei ihrer jugendlichen Fans

Die Fantasie bleibt stets die Nahrung ihrer Schriftstellerin. „In meinem Kopf läuft dann die Handlung, ähnlich wie in
70 einem Film, ab. Wenn die ersten Szenen an mir vorbeigezogen sind, kenne ich Namen, Charakter und Aussehen der Leute, die in meiner neuen Geschichte vorkommen werden", berichtet sie über die Ent-
75 stehung ihrer Bücher. Immer wieder [...] integriert sie auch eigene Erlebnisse oder Menschen, die sie kennt, in ihre Handlungen. „Auf viele Ideen brachte mich meine eigene Schulzeit – auch die meiner
80 Töchter. Erinnerungen an Hockey- und Tennisspiele, Streiche, Freundschaften und gegenseitige Abneigung – all das findet man in meinen Schulgeschichten", erinnert sie sich und meint damit vor
85 allem die Serien „Dolly" sowie „Hanni und Nanni". Über die große Popularität staunte sogar die Autorin: „Es ist seltsam, dass, gleichgültig in welchen fremden Ländern die Bücher erscheinen, sie sehr bald
90 allgemein beliebt sind, obwohl sie ihrem Charakter nach rein britisch sind", schreibt sie an ihre deutsche Verlegerin Erika Klopp. Gemeinsam mit ihren beiden Töchtern aus erster Ehe, Gillian und
95 Imogen, sowie mit ihrem zweiten Mann, dem Chirugen K. D. Waters, lebte Enid

Blyton auf dem Landsitz Green Hedges. Dort sowie zuvor in ihrem Elternhaus verfasste die Tier- und Pflanzenfreundin
100 nicht nur Romane, sondern auch journalistische Texte und pädagogische Publikationen, Erzählungen, naturkundliche Schilderungen und Theaterstücke für Kinder sowie einige Filmdrehbücher. Bis heute
105 sind von 700 Titeln, die die – so heißt es in einer Verlagsinformation – „bekannteste und beliebteste Jugendautorin der Welt" schrieb, weltweit schätzungsweise eine halbe Milliarde Bücher in mehr als 30
110 Sprachen verkauft worden.

„In ihrem Bemühen, kindliche Abenteuer-Fantasie und kindliches Realitätsbedürfnis gleichermaßen zu befriedigen, beschreibt Enid Blyton eine eigenständige
115 Kinderwelt, die in deutlicher Spannung zur nüchternen, von egoistischen Interessen bestimmten Welt der Erwachsenen [steht], gibt aber keine Hilfen, die Gesellschaft der Erwachsenen verstehend zu
120 lernen und verändernd in sie einzugreifen", kritisiert Malte Dahrendorf das Werk der Schriftstellerin, das Gegenstand zahlreicher wissenschaftlicher Analysen ist.

Wie eine – unbewusste – Replik auf die-
125 sen Vorwurf wirkt eine Aussage in einem Brief, den Enid Blyton 1953 in ihrer klaren Sprache verfasste und an Erika Klopp

sandte: „Ich schreibe Bücher für alle Altersstufen, von 3 bis 16 Jahren. Auf diese Weise begleite ich ein Kind durch seine ganze Jugendzeit. Wie glücklich bin ich doch!"

Die Schriftstellerin starb am 19. 11. 1968 in London. Um Antworten auf all die Fragen geben zu können, die ihre Leser ihr in zahllosen Briefen stellten, schrieb Enid Blyton „Die Geschichte meines Lebens" auf. Obwohl es sich in Form und Sprache vor allem an ihre jungen Verehrer wendet, lädt das Buch auch „älteres Publikum" zur biographischen Spurensuche ein und entwickelt sich so zu einer Lektüre, die an vergangenes, aber nicht vergessenes Lesevergnügen erinnert und es abrundet.

Quelle: Beate Griese-Henning, Mutter von „Hanni und Nanni". Recklinghäuser Zeitung 02. 08. 1997. Im Internet unter: http://home.arcor.de/jomuko/textseite-zeitungsartikel.htm#2. (Stand: 27. 05. 2015)

2 Einen Schreibplan erstellen

Einen Schreibplan brauchst du für alle Aufsätze. Darin legst du fest, in welcher Reihenfolge du deine Informationen verarbeiten willst. Was soll in die **Einleitung**? Welche Idee führst du als ersten Gedanken des **Hauptteils** an, welche als zweiten? Welche Idee gehört in den **Schluss**? Es ist sinnvoll, deinen Schreibplan aufzuschreiben, sodass du gezwungen bist, dir zunächst für deinen Aufsatz einen klaren und **durchdachten Aufbau** zu überlegen und nicht einfach drauf-loszuschreiben. Den Hauptteil deines Aufsatzes kannst du nach folgenden Kriterien ordnen:

Den Hauptteil eines Aufsatzes ordnen

- Du kannst in einer **steigernden Aufzählung** vom Unwichtigen zum Wichtigen gehen.
- Ereignisse und Daten können **chronologisch** angeordnet werden (z. B. Biografie).
- Du kannst deine Ausführungen in **Vor- und Nachteile** das besprochenen Sachverhalts bzw. Pro und Kontra untergliedern.
- Möglich ist auch, zwischen **Ursache und Wirkung** zu unterscheiden.
- → Grundprinzip der Gliederung soll sein, dass ein **roter Faden** erkennbar ist.

Beispiel Ein Schreibplan, der die Frage beantwortet, warum Enid Blyton eine so erfolgreiche Autorin war, könnte so aussehen:

- E. Blyton bekannteste und beliebteste Jugendbuchautorin der Welt – warum?

  Ausgangsthese an den Anfang

- Schriftstellerin = Traumberuf seit der Kindheit
  → schreibt und erfindet Geschichten schon als Kind

  am Anfang: Gründe, die in ihrer Biografie liegen

- Hartnäckiges Üben
  → über 500 Manuskripte von Verlagen zurückgeschickt

- Als Erzieherin im Kindergarten findet sie heraus, was Kinder beschäftigt, wovor sie sich fürchten, was sie wünschen → Kinder als Ideenlieferanten

  Überleitung zum nächsten Grund: Erfolg, weil sie Leserbedürfnisse befriedigt

- Geht auf die Interessen der Leserinnen und Leser ein: Bücher befriedigen das kindliche Abenteuer- und Fantasiebedürfnis, sind aber doch realitätsnah

  Gründe, die in der Wahl der Themen liegen: befriedigen Leserbedürfnisse

- Geht auf die Bedürfnisse ihrer Leserinnen und Leser ein: Geschichten als Gegensatz zur nüchternen und von egoistischen Interessen bestimmten Erwachsenenwelt

- Orientiert sich an den Interessen ihrer Leserschaft: will mit ihren Büchern Kinder auf ihrem Lebensweg begleiten

- Ist glücklich, für Kinder zu schreiben; dies überträgt sich merklich auf ihr Schreiben

- Ihre Bücher sind alterslos
  → an keinen Trend und Zeitgeist gebunden
  → werden deswegen heute noch gelesen

  am Schluss: Grund, der auch heute noch gilt; Bezug zur Gegenwart

Aufgabe 3 Notiere in der Randspalte einen Schreibplan, auf dessen Grundlage der folgende Text entstanden sein könnte.

Angeln als Hobby

1 Das Angeln ist eine sehr alte und im Prinzip sehr einfache Methode des Fischfangs: Alles, was man braucht, ist eine Angel, ein Köder und das entsprechend fischreiche Gewässer. In der Praxis existieren jedoch viele Varianten des
5 Angelns: das Meeresfischen, das Nachtangeln, das Hochseeangeln, das Eisangeln, das Brandungsfischen, das Drop-Shot-Angeln, das Federfischen, das Fliegenfischen, das Schleppfischen und viele weitere Möglichkeiten.

Der Ablauf ist bei allen Formen des Angelns allerdings der
10 gleiche: Der Fisch wird mit einem Köder angelockt. Beißt
das Tier zu, zieht es der Angler über eine Angelleine an
Land. Einige Fische sind nur schwer zu ködern, andere lassen sich bereits mit einem einfachen Haken täuschen.

Vor allem für alle angehenden Angler ist es wichtig, zu
15 wissen, dass das Angeln nicht ohne Weiteres überall erlaubt ist. Selbst mit einem Fischereischein ist das Angeln
nicht in allen Binnengewässern Deutschlands gestattet.
Neben einem Fischereischein ist zudem ein Fischereierlaubnisschein notwendig. Daneben müssen Auflagen des Na-
20 tur- und Tierschutzes beachtet werden. Wichtig ist auch
die Einhaltung von Schonzeiten für bedrohte Fischarten.
Beim Fischen ist außerdem darauf zu achten, dass die
Fische ein Mindestmaß erreicht haben, denn der Fang von
Jungfischen gefährdet die Bestände zusätzlich.
25   Die wirtschaftliche Bedeutung des Angelns wird viel-
fach unterschätzt. Der Umsatz, der in Deutschland im
Bereich der Freizeitfischerei gemacht wird, liegt jährlich
bei etwa 6,4 Milliarden Euro.

3 Texte überarbeiten

Einen Text zu überarbeiten ist ein wichtiger Arbeitsvorgang, ohne den dein Aufsatz nicht gut werden kann. Natürlich ist es immer schwer, einen selbst geschriebenen Text zu beurteilen. Trotzdem ist es sinnvoll, sich alles noch einmal **genau durchzulesen** und gegebenenfalls zu überarbeiten. So kannst du nochmals genau hinterfragen, ob dein Aufsatz tatsächlich exakt zum Thema passt. Auch sprachliche Schönheitsfehler werden dir auffallen, wenn du deinen Text ein weiteres Mal genau durchsiehst. Beim Überarbeiten wirst du vermutlich Wörter, Sätze oder Satzteile **streichen**, **ergänzen**, **verknüpfen** oder **umstellen**. Deinen Aufsatz kannst du mithilfe folgender Fragen überprüfen:

Einen Text überarbeiten

- Bezieht sich alles, was ich sage, auf das **Thema**?
- Habe ich wirklich das geschrieben, was ich **ausdrücken** und **sagen** wollte?
- Habe ich so geschrieben, dass meine **Leserschaft** mich **versteht**?
- Ist mein Text **anschaulich** genug?
- Habe ich meine **Gedanken** gut **miteinander verbunden**?
- Ist mein Text **zu kurz**? Wo muss ich etwas **ergänzen**?
- Ist mein Text **zu lang** und weitschweifig? Wo kann ich etwas **streichen**?
- Ist mein Text **logisch gegliedert**?
- Mache ich die **logische Gliederung** meines Textes dem Leser bzw. der Leserin durch **sprachliche Signale** klar?
- Vermeide ich unnötige **Wortwiederholungen**?
- Treffen meine Wörter die Sachverhalte, die ich **ausdrücken** möchte?
- Ist der **Satzbau abwechslungsreich**?
  - Beginnen meine Sätze immer mit demselben Satzglied?
  - Wechsle ich ab zwischen langen und kurzen Sätzen?
  - Wechsle ich ab zwischen reinen Hauptsätzen und Hauptsätzen mit Nebensätzen?
- Habe ich den Text durch **Satzzeichen** und **Absätze** optisch klar gegliedert?
- Stimmen **Rechtschreibung** und **Zeichensetzung**?

Aufgabe 4 Überarbeite folgenden Text zum Thema: *Warum kann man ohne eine Tageszeitung nicht auskommen?* Du kannst den Rand für Kommentare und Notizen nutzen.

1 Ein Tag ohne eine Tageszeitung ist fast undenkbar. Genauso wenig wie auf die Tageszeitung kann man auf Fernsehen, Radio oder Telefon verzichten. Ohne diese Medien würde man sozusagen hinter dem Mond leben.

5 Die Tageszeitung ist insofern praktischer als Fernsehen und Radio, da man sie aufgrund ihres Formats immer mit sich führen kann. Da eine Zeitung an jedem Kiosk kaufbar ist, ist es für Reisende ein Leichtes, sich über aktuelle Ereignisse des Tages zu informieren.

10 In mehrerer Beziehung können andere Medien die Zeitung nicht ersetzen. Da in der Zeitung nicht nur landespolitische, sondern auch über Geschehnisse und Ereignisse im eigenen Landkreis Auskunft gibt. Sie übermittelt Nachrichten, die nicht in Nachrichtensendungen vorkommen, weil sie als unwesentlich erachtet werden. Nichtsdestotrotz sind sie wichtig für die Allgemeinbildung. Wie z. B. Unpolitisches, Aktuelles oder auch andere Themen.

Man hört oft den Ausspruch, es gehe auch ohne Zeitung. Dies ist jedoch leicht zu widerlegen. Zum Beispiel da sich 20 bei einer Umfrage herausstellt, dass sehr viele der Befragten deshalb, weil sie am Vortag nicht die Zeitung gelesen hatten, vergaßen, ihre Uhr nach der Sommerzeit zu stellen. Das hatte wieder zur Folge, dass sie am nächsten Tag, wie sie erzählten, oft in Verwicklungen wegen ihrer falschen 25 Uhrzeit gerieten.

Außerdem wäre noch zu bemerken, dass nicht nur politische Artikel, Sportartikel, Wirtschafts- und Kulturartikel, sondern auch Annoncen, das Fernsehprogramm, Kinovorschau und Werbeangebote usw. darin enthalten sind.

30 Dies meine ich, ist schon ein wichtiger Faktor.

Abschließend möchte ich noch sagen, die Zeitung ist eine fast unersetzliche Möglichkeit, um sich über Stadt, Land und über vieles 35 andere zu informieren oder um selbst andere Menschen zu informieren.

Ein Kurzreferat halten

Mit einem Kurzreferat sollst du das Publikum **über einen Sachverhalt infor-mieren** und ihnen deine eigene Meinung zum Thema nahebringen. Dazu musst du den Vortrag so gestalten, dass du den Zuhörenden das **Verstehen er-leichterst**. Dies kannst du erreichen, wenn du folgende Punkte beachtest:

Halten eines Kurzreferats

- **Sprich** möglichst **frei** und **schaue dein Publikum an**. Das ist besser, als fertig vor-formulierte Sätze abzulesen und über die Köpfe der Zuhörenden hinwegzusprechen.

- Sprich lebendig und deutlich.

- Erkläre am Anfang die **Gliederung** deines Referats und mache dem Publikum auch im Referat immer wieder deutlich, an welchem Punkt der Gliederung du bist.

- **Erkläre** schwierige und **wichtige Gedanken** mehrmals mit anderen Worten und erläutere sie an Beispielen.

- Erleichtere das Verständnis, indem du die Gliederung, wichtige Begriffe, Namen, Daten, Skizzen, Karten usw. durch einen Tafelanschrieb, eine Overhead-Projektion oder eine Computerpräsentation **visualisierst**.

- Bereite für den Vortrag einen **Stichwortzettel** vor, um möglichst frei zu sprechen und nicht abzulesen. Notiere darauf wirklich nur Stichpunkte, keine ganzen Sätze – auch wenn du zuvor das Referat schriftlich ausformuliert hast.

TIPP: Den Vortrag solltest du mehrmals **laut üben**. Dabei lernst du nicht nur, frei zu sprechen, sondern überprüfst gleichzeitig deinen Vortrag auf Richtig-keit und logischen Aufbau. Günstig ist es auch, wenn du das Referat jemandem vorträgst, der wenig oder gar kein Vorwis-sen über das Thema besitzt. So erkennst du etwaige Verständ-nisschwierigkeiten und kannst dein Referat daraufhin über-arbeiten.

Entscheidend für ein gutes Kurzreferat ist eine sorgfältige **Vorarbeit**. Bei der Vorbereitung solltest du dich an folgende Schritte halten:

Ein Kurzreferat vorbereiten

- Mache dir zunächst Gedanken zu deinem **Thema** und bedenke, wer die **Adressaten** deines Vortrags sind.
- **Recherchiere** zu deinem Thema und werte das gefundene Material aus.
- Schreibe einen **Stichwortzettel** für deinen Vortrag.
- **Übe** dein Kurzreferat.
- Bereite die **Medien** vor, die du einsetzen willst.
- **Halte** dein Kurzreferat.

1 Das Thema/den Adressaten erfassen

Im ersten Arbeitsschritt solltest du das **Thema des Referats** durchdenken, um Klarheit über den **Gegenstand** und das **Ziel** des Vortrags zu gewinnen:
- Worum geht es?
- Welche Fragestellungen umfasst das Thema?
- In welchem größeren Zusammenhang steht es?

Wer einen Kurzvortrag halten will, muss sich natürlich auch Gedanken über seine **Adressaten** machen:
- Wer sind die Zuhörerinnen und Zuhörer des Kurzvortrags?
- Welcher Kenntnisstand bezüglich des Themas ist zu erwarten?
- Mit welchen allgemeinen Erwartungen an Inhalt und Gestaltung des Referats ist zu rechnen?

2 Informationen suchen

Die Basis eines interessanten Referats sind **gute Sachkenntnisse**. Diese gewinnst du, indem du in Lexika, Fachliteratur, Zeitungsartikeln oder im Internet recherchierst und das gefundene Material auswertest. Wesentliche Hinweise zu diesem Arbeitsschritt findest du im Kapitel „Arbeitstechniken Deutsch" (S. 5–10).

3 Einen Stichwortzettel gestalten

Bevor du ein Referat hältst, solltest du dir einen Stichwortzettel anlegen. Diese **Übersicht** kannst du zu Hilfe nehmen, damit du **beim Vortrag nichts vergisst**. Denke aber daran: Du sollst nicht das komplett ausformulierte Referat ablesen – das ist für die Zuhörenden langweilig.

Besonders gut eignen sich für deinen Stichwortzettel **Karteikarten** im Postkartenformat. Diese kannst du gut in der Hand halten und wenn du sie nummerierst und nur einseitig beschriftest, sind sie eine gute (Orientierungs-)Hilfe.

Einen Stichwortzettel gestalten

- Auf dem Stichwortzettel solltest du die **Gliederung** deines Referats notieren:
  - Einleitung (ausformuliert)
  - Hauptteil: wesentlicher Inhalt in Stichpunkten
  - Schluss (ausformuliert)
- Gestalte den Zettel **übersichtlich** und gut lesbar: Schreibe Hauptgedanken in Großbuchstaben, verwende Farben usw. (z. B. Zitate grün markieren).
- Vermerke Hinweise zum **Medieneinsatz** (z. B.: „Auflegen Folie 1").
- Weise durch Unterstreichungen auf **Betonungen** hin.
- Markiere **Pausen**.

Beispiel **Karteikarte**

Thema (Anschreiben Tafel) → *Gegenstand und Ziel des Vortrags*
• *Worum geht es?* • *Was gehört zum Thema?* • *Größerer Zusammenhang*
Adressaten (Anschreiben Tafel)
• *Wer?* → *Folgerungen* • *Kenntnisstand?* • *Erwartungen?*

Aufgabe 5 Bereite den Text „Angeln als Hobby" (siehe S. 13/14) als Kurzreferat vor und arbeite Karteikarten für deinen Vortrag aus.

4 Medien auswählen und einsetzen

Beim Lesen eines Texts kannst du, wenn du etwas nicht verstanden hast, einen Satz noch einmal lesen oder eine Pause machen und über das Gelesene nachdenken. Bei einem Referat kannst du das nicht. Deshalb muss die vortragende Person genau darauf achten, dass die Aussagen klar verständlich sind. Ein Hilfsmittel ist der Medieneinsatz: Denn **Medien machen schwierige Inhalte verständlicher**, sodass man sie sich besser merken kann.

Bevor du ein Referat hältst, solltest du dir also auch überlegen, welche Medien du einsetzen kannst:

Medieneinsatz für ein Kurzreferat

- Wandtafel
- Flipchart
- Pinnwand
- Tageslichtprojektor
- CD-/DVD-Player
- Tablet-PC/ Smartphone
- Computer und Beamer

4.1 Was muss ich vor dem Einsatz der Medien beachten?

Bevor du dich entscheidest, welche technischen Hilfsmittel du für dein Referat verwenden möchtest, solltest du dir folgende **Fragen** stellen:

- Welche Medien sind vorhanden? Welche Medien will ich einsetzen?
- Welche technischen Hilfsmittel werden dazu benötigt? Sind sie vorhanden? Was muss ich selbst besorgen? Funktionieren die Geräte einwandfrei (wenn nicht, lieber darauf verzichten)?
- Stellt der Einsatz der Geräte bestimmte Anforderungen an die Räumlichkeiten bzw. die Sitzordnung (z. B. freier Blick auf eine Projektionsfläche, einen Bildschirm oder die Tafel)?
- Können die Medien und die technischen Hilfsmittel von mir selbst gesteuert und eingesetzt werden oder brauche ich einen Mitschüler als Helfer?
- Welche alternativen Medien könnten beim Ausfall der Technik den Vortrag stützen?
- Besonders sorgfältig solltest du vorher überlegen, welche und vor allem wie viele Medien zu welchem Zeitpunkt eingesetzt werden sollen.

4.2 Welche Vor- und Nachteile haben einzelne Medien?

Um zu entscheiden, welche Medien du für deinen Vortrag einsetzen möchtest, solltest du dir zunächst die Vor- und Nachteile der einzelnen Hilfsmittel bewusst machen. Je nachdem, wo du in deinem Referat Akzente setzen möchtest, kannst du entsprechend **geeignete Medien auswählen**.

- **Tafel:** Das einfachste und zuverlässigste Medium ist die Tafel. Du kannst die wesentlichen Stichworte während des Referats an die Tafel schreiben oder ein Tafelbild vor deinem Referat an die Rückwand einer Seitentafel schreiben, die du während des Vortrags aufklappst.
- **Flipchart:** Bei der Flipchart wird auf große Papierbögen geschrieben. Wenn die Flipchart nur wie eine Tafel benutzt wird, ist sie unnötig. Flipcharts setzt du ein, wenn ein Anschrieb längere Zeit nach dem Vortrag noch präsent sein soll oder den Zuhörern mehrere Visualisierungen gleichzeitig präsentiert werden sollen.

Folgende Möglichkeiten gibt es, die Flipchart zu benutzen:
  - Du schreibst bestimmte Aspekte während des Referats auf.
  - Du kannst einen Bogen mit Überschriften vorstrukturieren. Dann hat der Zuhörer bzw. die Zuhörerin die Gliederung vor Augen – die Einzelheiten werden während des Referats eingefügt.
  - Du präsentierst während des Vortrags fertig beschriebene Bögen.
- **Pinnwand:** Da die Pinnwand größer ist als die Flipchart, kannst du auf ihr verschiedene Visualisierungen nebeneinander präsentieren. Du kannst deine wesentlichen Gliederungspunkte vorher auf Karten schreiben, die du während des Vortrags an die Tafel pinnst; das spart Zeit. Du kannst vorbereitete Diagramme, Strukturskizzen oder auch Bilder anheften.
- **Tageslichtprojektor:** Der Tageslichtprojektor ist das technische Medium, das am zuverlässigsten arbeitet. Folien kannst du zu Hause vorbereiten. Wenn du sie mit dem Computer gestaltest, sehen sie perfekt aus. Halte dich bei der Gestaltung und Präsentation an folgende Grundregeln:

Fehler bei der Gestaltung und Präsentation von Folien

Bei der **Gestaltung** von Folien solltest du Folgendes vermeiden:

- Zu kleine Schrift, zu dünne Linien
- Keine Farben und Bilder
- Zu viele Informationen / zu viele Folien

Bei der **Präsentation** der Folien solltest du Folgendes vermeiden:

- Zur Wand sprechen
- Mit dem Körper die Sicht verdecken
- Zu rasches Wechseln der Folien
- In Richtung der Projektionsfläche zeigen, ohne dass klar ist, wohin genau
- In den Projektor hineinsprechen oder sich dahinter verstecken
- Die richtige Folie nicht finden (Folien unbedingt durchnummerieren)

4.3 Wie kann ich Computer und Beamer gekonnt einsetzen?

Die professionellste Präsentation ist die mit Computer und Beamer. Achtung: Dein Referat wird aber nicht automatisch dadurch besser, dass du mit Computer und Beamer arbeitest. Damit die Präsentation gelingt, solltest du einige Regeln beachten:

- **Nichts überladen:** Einer der schlimmsten Fehler: eine eng beschriebene DIN-A4-Textseite an die Wand projizieren. Richtig: nur **wenige Botschaften pro Folie**. Konzentriere dich auf das Wesentliche.

- Eine gelungene Präsentation orientiert sich am Publikum, ist **kurz**, folgt einem **logischen Aufbau** und **regt zum Mitdenken an**. Behalte bei der Ausarbeitung folgende Merkhilfe im Hinterkopf: Nach der **10–20–30-Regel** sollte ein guter Vortrag nie mehr als 10 Folien umfassen, nicht länger als 20 Minuten dauern und eine Schriftgröße von nicht weniger als 30 Punkt (das ist die Größeneinheit bei Textverarbeitungsprogrammen) verwenden.

- Die Faustregel: Nicht mehr als **vier Worte pro Zeile**, nicht mehr als **sechs Zeilen pro Seite**. Du kannst auch nur eine Zeile auf Folie schreiben. Die Folien sollen schließlich den Vortrag visualisieren – nicht ersetzen!

- **Wenig Text, viel Bild:** Wozu hast du einen Beamer, wenn du nur Texte präsentierst? Verwende auch Bilder. Wenn du kein Profi bist, baue die Abbildungen nicht in die Textdateien ein (das ist knifflig). Schalte lieber ganzseitige Bilder – solche, die Aufsehen erregen! – zwischen die Textfolien. Gib ein paar mündliche Informationen dazu und die Sache wird lebendig.

- Sei **sparsam mit Stilelementen**. Verwende nie mehr als zwei Schrifttypen und möglichst nur Farben aus einer Familie (zum Beispiel Rot, Orange, Bordeaux) und verzichte auf überflüssigen Schnickschnack wie Überblend- oder Soundeffekte. Das lenkt nur ab.

- **Beginne mit etwas Besonderem**, etwas Witzigem, damit die Zuhörenden aufmerksam werden. Wenn dir überhaupt nichts einfällt, erkläre, warum das Thema für dich und das Publikum wichtig ist.

- Der **Schluss** bleibt haften. Deshalb braucht er etwas Inspirierendes, einen Ausblick, etwas Spektakuläres. Selbst eine provokante Frage ist besser, als seine Rede ausplätschern zu lassen.

- **Vorlesen verboten!** Das, was das Publikum sieht, und das, was es hört, darf nicht dasselbe sein. Sonst ist es nicht spannend! Also niemals wörtlich vorlesen, was auf der Folie steht, sondern frei sprechen. Lautet der Folientext zum Beispiel „Die Biografie Schillers" sagst du: „Wenden wir uns jetzt der Biografie Schillers zu." Der Vorteil bei Präsentationen ist, dass du nie den Faden verlieren kannst. Selbst wenn du einmal einen Blackout hast, sagst du einfach: „Und nun zum nächsten Bild!" Die Folien sind tolle Gedächtnisstützen. Ganz Sicherheitsbewusste können im Computer zu jeder Folie Kommentare eingeben, die bei der Präsentation auf dem eigenen Bildschirm erscheinen, für das Publikum aber unsichtbar bleiben.

- Wenn du etwas Bleibendes hinterlassen willst, gib nach (!) dem Vortrag ein **Handout** mit Zahlen, Daten oder Tabellen aus. Aber nicht die Powerpoint-Folien! Wenn du alles richtig gemacht hast, sind diese ohne deinen Vortrag nutzlos. Wenn du ein Handout schon vor dem Vortrag ausgibst, dann lesen die Zuhörer darin, statt dir zuzuhören.

⁄ **TIPP:** Wenn du Powerpoint-Präsentationen als Vorlagen suchst, dann gib bei Google folgenden Suchbegriff ein: **ext:ppt + (gesuchtes Thema)** (Achtung: Leerzeichen vor und nach dem +). Du wirst erstaunt sein, wie viel du findest.

ufgabe 6 Versuche es gleich einmal mit ext:ppt + „Otfried Preußler".

5 Verständlich formulieren

Ein Referat musst du anders formulieren als einen Aufsatz: Du solltest möglichst **einfach**, **übersichtlich**, **gegliedert**, **kurz**, **prägnant** und **anschaulich** formulieren. Dabei können dir folgende Grundregeln helfen:

Verständlich formulieren

- Füge geläufige, anschauliche Wörter zu **kurzen**, **einfachen Sätzen** zusammen.
  - Hauptsätze sollen nicht durch eingeschobene Nebensätze unterbrochen werden – vermeide also Relativ- und Schachtelsätze.
  - Vor allem zentrale Gedanken solltest du in Hauptsätzen mit nicht mehr als zehn Wörtern formulieren.
- Damit deine Sätze verständlich sind, sollten
  - **Subjekt und Prädikat** sowie
  - **Artikel und Substantiv**
  möglichst **nah beieinander** stehen. Du darfst also z. B. nicht zu viele Attribute zwischen den Artikel und das Substantiv schieben.
- Verwende **viele Verben!** Verben, insbesondere aktive, regen das Gehirn wesentlich stärker an und machen den Vortrag spannender als Substantive.
- Die beiden **Hälften des Verbs** sollen **möglichst nah beieinander** stehen.
- Du kannst mit Überschriften, Nummerierungen oder Fragen den Text **gliedern**.
- **Sprachliche Signale** gliedern den Text, besonders wenn du das Wesentliche hervorheben willst (z. B.: „Ich komme zum nächsten Punkt.", „Ich stelle euch jetzt die wichtigsten Werke des Autors vor.").
- Um wichtige Sachverhalte zu veranschaulichen, suchst du nach **Beispielen** aus der eigenen Erfahrung oder der Lebenswelt der Zuhörenden.
- Benutze häufig **sprachliche Bilder**.
- **Sprich** das Publikum **direkt an**.
- Verwende **witzige Formulierungen**.
- Bette Informationen in eine **Geschichte** ein.

Aufgabe 7 Welche der oben genannten Ratschläge hat der Autor oder die Autorin des folgenden Kurzreferats über Otfried Preußler beachtet? Du kannst die Randspalte für deine Notizen und Verbesserungen nutzen.

1 Obwohl er fünf Jahre in Kriegsgefangenschaft in Russland verbracht hat, erzählt er uns in seinen Büchern Geschichten über Hexen, Gespenster und Zauberlehrlinge. Otfried Preußler wurde 1923 geboren im heutigen Tschechien
5 und starb 2013 in Bayern.
In dem schreienden Baby hat damals sicher niemand den berühmten Kinder- und Jugendbuchautor gesehen, der heute über 50 Millionen Bücher weltweit verkauft. Aber er selbst dachte schon als kleiner Junge mit acht Jahren
10 daran, Schriftsteller zu werden.
Für einen kleinen Jungen ist das ein sonderbarer Berufswunsch. Woher kam dieser Wunsch?
Abend für Abend erzählte ihm seine Großmutter Dora in der Stube immer neue Märchen von Zauberern, Hexen,
15 Gespenstern, Wassermännern und Räubern. Und auch sein Vater erzählte ihm die Sagen seiner böhmischen Heimat. Die kannte sein Vater gut. Er war nämlich Heimatforscher. Dazu wanderte er von Dorf zu Dorf und sammelte Sagen. Der kleine Otfried durfte seinen Vater manchmal
20 begleiten und den Geschichten lauschen. Diese Welt der Sagen und Märchen beeinflusste später seine Bücher: Die Geschichte von Krabat ist dafür eines der besten Beispiele.
Sein Vater und seine Mutter waren beide Lehrer; sein Vater leitete außerdem einen Verlag. So gehörten Bücher
25 von klein auf zu seinem Leben. Seine Eltern waren sehr gastfreundlich. Viele Schriftsteller und Grafiker saßen bei ihm zu Hause am Tisch und er hörte ihren Gesprächen zu. Schon mit 12 schrieb er kleine Geschichten. Mit 15 verdiente er sein erstes Geld mit Zeichnungen für eine Zei-
30 tung. Sehr gut zeichnen zu können, war sein zweites Talent. Der Berufsweg schien klar zu sein. Doch der Zweite Weltkrieg brach aus. Gleich nach dem Abitur musste er das Gewehr in die Hand nehmen und im Osten kämpfen. 1944 war für ihn der Krieg zu Ende, aber nicht die furcht-
35 baren Erlebnisse: Er geriet als junger Offizier für fünf Jahre in russische Gefangenschaft. Welche Erfahrungen machte er dort, wie überlebte er, wo doch so viele starben? Er brachte einmal auf den Punkt, was er gelernt hat durch Hunger, Krankheit und Entbehrungen in Russland:

40 „Damals bin ich zum Optimisten geworden, denn seither
weiß ich, dass der Mensch ein unbeschreiblich zähes,
geduldiges und belastbares Wesen ist. Wer lachen kann,
und sei es über sich selbst, wird mit bedrohlichen Zeitläufen ungleich besser fertig, als wenn er sich ständig nur
45 bemitleidet. Auch das habe ich im Lager gelernt – und
nicht zuletzt deshalb versuche ich mit vielen meiner
Geschichten, Kindern möglichst früh Gelegenheit zu
geben, sich im Lachen zu üben."
1949 wird die Bundesrepublik gegründet und Otfried
50 Preußler kommt nach Deutschland zurück, nach Bayern,
in die Nähe von Rosenheim. Er wird erst einmal das, was
seine Eltern waren: Volksschullehrer. Er leitet später sogar
eine Volksschule in Rosenheim. Das ist ihm aber nicht
genug; er wollte ja schon mit acht Jahren Schriftsteller
55 werden. Bereits während seines Studiums hat er wieder
geschrieben als Lokalreporter, um ein bisschen Geld zu
verdienen. Er fängt nun an, neben der Schule zu schreiben:
1956 erscheint der „Kleine Wassermann". Dieses Buch
wird sein erster großer Erfolg. „Die kleine Hexe", „Das
60 kleine Gespenst" und „Räuber Hotzenplotz" folgen. Otfried Preußler wird einer der bekanntesten und erfolgreichsten Kinder- und Jugendbuchautoren Deutschlands.
Wie arbeitet Otfried Preußler? Viele seiner Geschichten
entstanden im Alltag: Seinen drei kleinen Töchtern
65 erzählte er am Abend selbst erfundene Geschichten, und
als Lehrer erzählte er nicht selten einer unruhigen Klasse
Geschichten, die er später aufschrieb und veröffentlichte.
Stellt euch vor, ihr würdet neben eurem „Beruf" als Schüler
noch einen zweiten Beruf haben: Das wäre eine große
70 Belastung! Bald verdient Otfried Preußler mit seinen
Büchern so viel Geld, dass er mit 47 Jahren, 1970, den
Lehrerberuf an den Nagel hängen kann. Er schreibt und
schreibt, nach dem Motto, jedes Jahr ein Buch: insgesamt
32 Kinder- und Jugendbücher und dazu noch Hörspiele
75 für den Rundfunk. Er sagt über seine Arbeitsweise:

„Ich arbeite gern frühmorgens, wenn der Tag noch jung ist. Dann ziehe ich mit einem kleinen Diktiergerät los, denke mir Geschichten aus und spreche sie unterwegs auf Band. Gegen Mittag komme ich wieder nach Hause. Den

80 Nachmittag verbringe ich am Schreibtisch, dort arbeite ich bis gegen 20 Uhr." Für ein Buch wie den „Hotzenplotz" brauchte er ca. ein Vierteljahr. An „Krabat" hat Otfried Preußler insgesamt zehn Jahre gearbeitet.
Ich glaube, dass Otfried Preußler so erfolgreich ist, weil er

85 uns ernst nimmt. Er sagt:
„Ich habe die Überzeugung gewonnen, dass Kinder das beste und klügste Publikum sind, das man sich als Geschichtenerzähler nur wünschen kann. Kinder sind strenge, unbestechliche Kritiker."

90 Und zum Schluss mein Tipp: Lest den Krabat, und wenn ihr ihn nicht lesen wollt, schaut den Film an.

Aufgabe 8 Schreibe ein Kurzreferat über die Biografie Enid Blytons.

6   Einen ansprechenden Vortrag halten

Manche Redner können völlig frei sprechen, aber besonders, wenn man viele Fakten an- führen oder eine lange Rede vor einem großen Publikum halten will, ist das meist nicht mög- lich. Deswegen bereitet man in diesen Fällen ein **ausgearbeitetes Ma- nuskript** vor, das man abliest. Beim Ablesen sind aber die Formulie-

rungen meist zu kompliziert und werden zu schnell gesprochen. Außerdem sieht man sein Publikum zu wenig an. Wer überzeugen will, muss aber mindestens 90 Prozent seiner Redezeit **Blickkontakt** zum Publikum halten.

Manche Redner sprechen pausenlos. Ihr Vortrag ergießt sich wie ein Wasserfall über die Zuhörenden, die so schnell das Interesse verlieren. Um das zu vermeiden, kannst du dich an einige grundlegende Tipps halten:

Einen ansprechenden Vortrag halten

- Wenn du mit **Folien** oder einer **PowerPoint**-Präsentation arbeitest: Decke immer nur auf bzw. blende immer nur ein, was das Publikum gerade lesen soll – sonst hört dir keiner zu.
- **Sprich** möglichst **frei**; so formulierst du automatisch einfacher und sprichst langsamer.
- Mache **Sprechpausen**, die du auch auf deinem Stichwortzettel markierst. Das Publikum hat so Zeit, das Gesagte zu verarbeiten.
- Sprich **lebendig, laut und deutlich**, damit deine Zuhörerinnen und Zuhörer nicht einschlafen.
- Unterstreiche deine Rede mit **Gestik** und **Mimik**. Stehe nicht steif wie ein Stock vor der Klasse – aber auch zu große Gesten wirken übertrieben. Deine **Körpersprache** soll entspannt und locker sein. Stell dich am besten frei vor die Klasse.

Viele haben Angst, frei vor der Klasse zu sprechen. Das **Lampenfieber** kann ganz unterschiedliche Gründe haben: die Angst vor Fremden oder einer Gruppe, die Angst vor Kritik und Ablehnung, die Angst, steckenzubleiben, die Angst, sich zu blamieren oder rot zu werden.

Diese Angst ist heilsam und wichtig, doch wenn sie übermächtig wird, kann das Lampenfieber auch blockierend wirken. Wenn du dich aber an den gezeigten Tipps zur Vorbereitung und zum Halten eines Referats orientierst, gibt es dafür gar keine Veranlassung!

/ **TIPP:** Beim Vortrag selbst hilft es, richtig **durchzuatmen** und dabei ganz bewusst auszuatmen. Wenn wir nervös sind, atmen wir meist zu viel ein, aber weniger aus. Ausatmen bekämpft das Lampenfieber, denn für das Ausatmen müssen wir **entspannen**.

- Atme also, bevor du deinen Vortrag beginnst, so lange aus, bis du das Gefühl hast, dass nichts mehr in der Lunge ist, dann atme nur kurz ein und wieder ganz lange aus.
- Das wiederhole drei, vier Mal, und das Lampenfieber hält sich in Grenzen.

Inhaltsangabe

Wenn du ein Buch gelesen oder dich mit jemandem unterhalten hast und anschließend von der Lektüre oder dem Gespräch erzählen möchtest, dann musst du auf die Techniken der Inhaltsangabe zurückgreifen. Besonderes Kennzeichen dieser Textform ist, dass nur der **wesentliche Inhalt** wiedergegeben wird. Außen vor bleibt damit alles, was ausschmückt, – also Elemente, die Spannung erzeugen, wörtliche Reden oder Hinweise auf deine Gefühle und Reaktionen auf den Text. Die Inhaltsangabe ist eine **sachliche Zusammenfassung**, die allein der Wiedergabe von Informationen dient.

Klappentexte von Büchern sind eine besondere Form der Inhaltsangabe. Hier wird der Ausgang der Geschichte weggelassen, um Spannung zu erzeugen.

Beim Üben der Inhaltsangabe trainierst du das Gehirn, schnell das Wesentliche zu erfassen und es **übersichtlich** und **klar** zu formulieren. Außerdem lernst du, andere **knapp** und **sachlich** über den Inhalt eines Textes zu informieren.

Wenn du eine Inhaltsangabe schreiben sollst, kannst du dich an folgenden Grundregeln zum Aufbau orientieren:

Grundlegendes zum Verfassen einer Inhaltsangabe

Einleitung

In der Einleitung – oft auch **Basissatz** genannt – informierst du über Folgendes:

- Wer ist der **Autor** bzw. die **Autorin**?
- Wie lautet der **Titel**, welche **Textsorte** liegt vor (Kurzgeschichte, Nachricht, Bericht usw.)?
- **Wann** wurde der Text **geschrieben** (natürlich nur, wenn es angegeben ist)?
- Was ist die **Kernaussage**, das **Thema** des Textes?

Hauptteil

- Fasse im Hauptteil den **wesentlichen Inhalt mit eigenen Worten** zusammen.
- Verdeutliche dabei, wie die einzelnen Textabschnitte **zusammenhängen**.

Schluss

Wird ein **Schlusssatz** gefordert, kannst du auf die Wirkung eingehen, die der Text auf dich hat.

Sprache

- Formuliere **sachlich** und verzichte auf eigene Bewertungen.
- Wandle **wörtliche Rede** in indirekte Rede um (siehe S. 69).
- Formuliere mit **eigenen Worten**.
- Setze die **Ich-Form** immer in die **Er-Form** um.
- Verwende **Konjunktionen** (*obwohl, weil, während, nachdem* usw.) oder **Adverbien** (*seitdem, somit, folglich, deswegen* usw.), um Zusammenhänge zu verdeutlichen.
- Schreibe im **Präsens**.

1 Texte verstehen

Die wesentliche Voraussetzung für eine Inhaltsangabe ist es, den Text richtig verstanden zu haben. Manchmal gibt es Verständnisprobleme, weil der Text **unbekannte Wörter** enthält. Diese musst du zuerst **nachschlagen**.

Aufgabe 9 Kennst du die im Text unterstrichenen Begriffe bzw. Namen? Wenn du sie nicht kennst, schlage sie in einem (Online-)Wörterbuch bzw. Lexikon nach.

Die Geburt der Mode

1 Desmond Morris nannte den Menschen den nackten Affen. Dazu passt, dass wir auch die einzigen bekleideten Kreaturen sind. Stellt man Menschenaffen vor einen 5 Spiegel, so beginnen sie oft, ihre Zähne oder andere Körperteile zu untersuchen, die sie normalerweise nicht sehen kön- nen. Schimpansenweibchen drehen sich gerne um und betrachten ihr rotes 10 Hinterteil. Sie interessieren sich für ihr Aussehen, aber sie „schmücken" sich aufs Geratewohl, etwa indem sie auf den Schultern eine tote Maus herumtragen. Weiter geht ein solches „Bemühen"

jedoch nicht; sie versuchen zum Beispiel nicht, durch das Tragen von Objekten Status oder soziale Bestrebungen zu signalisieren.

Damit begann der Mensch bereits vor Tausenden von Jahren; etwa zur selben Zeit, als er in Höhlen die ersten Bilder schuf. In Gräbern nördlich von Moskau, deren Alter Historiker auf ungefähr 28 000 Jahre

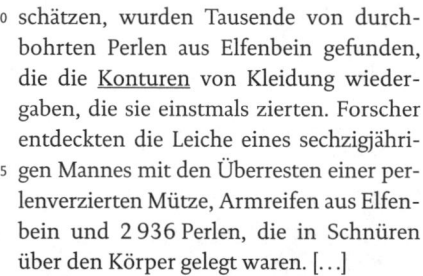

schätzen, wurden Tausende von durchbohrten Perlen aus Elfenbein gefunden, die die Konturen von Kleidung wiedergaben, die sie einstmals zierten. Forscher entdeckten die Leiche eines sechzigjährigen Mannes mit den Überresten einer perlenverzierten Mütze, Armreifen aus Elfenbein und 2 936 Perlen, die in Schnüren über den Körper gelegt waren. [...]

Zwar tragen die Menschen schon seit Zehntausenden von Jahren Kleidung, doch die Geburt der „Mode" datiert die Forschung in das Europa des vierzehnten Jahrhunderts. Bis dahin trug man, von kleinen Veränderungen abgesehen, zumeist das, was bereits die vorhergehenden Generationen getragen hatten. Toga, Tunika, Sari und Kimono etwa sind Beispiele für Kleidungsstücke, die Jahrtausende überdauert haben. Nofretete hätte Kleopatra treffen und dabei passend gekleidet sein können, obwohl zwischen der Lebenszeit der beiden tausend Jahre lagen.

Im vierzehnten Jahrhundert aber begannen in Europa reiche Leute, ihre lose sitzenden Kleider abzulegen und neue anzuziehen, die zugeschnitten waren, mit Knöpfen und Schnüren zusammengehalten wurden und die körperlichen Merkmale ihrer Träger/innen zeigten. Die Kleider der Männer waren von militärischen Überlegungen bzw. Notwendigkeiten inspiriert (ein „Trend", der jahrhundertelang anhielt). [...]

Die Frauen trugen lange Kleider mit Schleppen, die sie hinter sich herschleiften. Die Mieder ihrer Gewänder waren tief ausgeschnitten und eng; verzierte Nähte schnürten die Taille zusammen. Ein breiter Gürtel trennte das enge Mieder von dem voluminösen Rock. Die Ränder von Umhang und Kapuze sowie die Enden der Ärmel und die Säume waren verziert, und auf den Ärmeln waren Dutzende winziger Knöpfe angenäht. Die Kleidung war aufsehenerregend und individuell, und die Menschen zeigten Lust an fortgesetzten Neuerungen und Variationen.

Die Historiker verbinden das Entstehen der Mode mit der neuen finanziellen Macht der Geschäftsleute, Banken, Kaufleute und Händler. Die feudale Gesellschaft hatte Wohlstand und Status strikt begrenzt, doch um die Mitte des vierzehnten Jahrhunderts kam dieses System in England, Italien, Deutschland und Frankreich allmählich zum Erliegen. Mit dem Aufstieg des Handels und der Städte war auch eine neue gesellschaftliche Klasse emporgekommen, die in ihrer Kaufkraft mit dem Adel wetteiferte. Die Mode bot die Gelegenheit, Wohlstand und gesellschaftliche Ambitionen zu demonstrieren.

Quelle: Nancy Etcoff, Die Schönsten überleben – Die Ästhetik des Menschen. Übersetzung: Heinz Topinke. Hugendubel Verlag: München 2001, 239 ff.

Aufgabe 10 Lies zunächst den Text „Der Valentinstag" und beantworte im Anschluss folgende Fragen dazu:

a) Woher kommt der Name Valentinstag?
b) Welche Wurzeln hat der Brauch, am Valentinstag Blumen zu schenken?
c) Wie veränderte sich in der Moderne der Zweck des Valentinstags?
d) Inwiefern wird der Zweck des Valentinstags in dem Text infrage gestellt?

Der Valentinstag

1 Jedes Jahr am 14. Februar ist es so weit. Die Geschäfte hängen voll mit Herzen, Blumen und Liebesversen. Verliebte zeigen ihrem oder ihrer Auserwählten ihre
5 Gefühle in Form von Valentinskarten, Blumen oder Pralinen – manchmal auch, ohne sich zu erkennen zu geben. Freundschaften werden mit einem lieben Valentinsgruß besiegelt. Aber warum das Ganze?
10 Der Valentinstag ist ein christlicher Brauch. Vor sehr langer Zeit, im 3. Jahrhundert nach Christus, gab es einen Bischof namens Valentin. Er wohnte in der italienischen Stadt Terni. Der damalige
15 Kaiser verbot Paaren, sich christlich trauen zu lassen. Valentin aber umging das Verbot und traute heimlich Liebespaare nach christlichem Brauch. Allerdings flog die Sache auf und Valentin wurde zum Tode
20 verurteilt. Am 14. Februar des Jahres 269 wurde er hingerichtet. Später wurde dann das Christentum in Italien anerkannt und Valentin heiliggesprochen. So heißt er jetzt auch der „Heilige Valentin".
25 Die Tradition, dass den Frauen Blumen geschenkt werden, hat ihren Ursprung schon in der Antike. Jedes Jahr im Februar wurden der römischen Göttin Juno Blumen geopfert. Juno ist die Be-
30 schützerin von Familie und Ehe.

In England und Frankreich galt schon im Mittelalter der Valentinstag als Tag der Verliebten. Man sagte, dass ein Mädchen den Mann heiratet, den sie am Valentins-
35 tag zuerst sieht. Es gab sogar eine „Liebeslotterie", bei der Lose mit Namen gezogen wurden. Die Namenspaare wurden dann miteinander verbandelt und waren für ein Jahr auf Probe zusammen. An die-
40 sem Tag wurden kleine Gaben und besonders gerne kleine Gedichte verschenkt.

Der Valentinstagsbrauch kam dann natürlich auch nach Amerika. Dort wurde aus dem „Tag der Liebenden" ein „Tag der
45 Freundschaft und Familie". In den USA werden jährlich mehr als eine Milliarde Valentinskarten versandt.

Seit dem letzten Jahrhundert spielt der 14. Februar als „Valentinstag" auch bei
50 uns in Deutschland eine Rolle. In Geschäften gibt es viele Sachen zu kaufen, um sie extra an diesem Tag zu verschenken: Valentinskarten, Valentinspralinen, Plüschherzen und sogar ein Parfüm namens St.
55 Valentin.

Aber eigentlich braucht man doch keinen bestimmten Kalendertag, um jemanden zu sagen, dass man ihn mag, oder?

Quelle: geolino.de, Valentinstag weltweit – Andere Länder, andere Sitten. Autorin: Solvejg Hoffmann

2 Inhaltsangabe erzählender Texte

Bei der Arbeit mit Texten begegnen dir in der Schule meist Kurzgeschichten, Balladen, Ausschnitte aus Romanen oder längeren Erzählungen. Allen diesen Texten ist gemeinsam, dass etwas erzählt wird, was sich der Autor oder die Autorin ausgedacht hat, was also **nicht in Wirklichkeit** so passiert ist.

Bestimmt hast du bereits **Nacherzählungen** zu einem vorgegebenen Erzähltext verfasst. Diese unterscheidet sich grundlegend von der **Inhaltsangabe**, die du in diesem Kapitel trainieren kannst. In der Praxis ist es dennoch oft nicht ganz einfach, die Textsorten zu unterscheiden. Anhand einer Nacherzählung sowie einer Inhaltsangabe zu einem Textauszug aus Lenz' „Der Leseteufel" kannst du dir im Folgenden zunächst genau ansehen, worin die **Unterschiede** zwischen den beiden Aufsatzarten bestehen.

Beispiel

Siegfried Lenz: Der Leseteufel

1 Hamilkar Schaß, mein Großvater, ein Herrchen von, sagen wir mal, einundsiebzig Jahren, hatte sich gerade das Lesen beigebracht, als die Sache losging. Die
5 Sache: darunter ist zu verstehen ein Überfall des Generals Wawrila, der unter Sengen, Plündern und ähnlichen Dreibastigkeiten aus den Roknito-Sümpfen aufbrach und nach Masuren, genauer nach
10 Suleyken, seine Hand ausstreckte. Er war, hol's der Teufel, nah genug, man roch gewissermaßen schon den Fusel, den er und seine Soldaten getrunken hatten. Die Hähne von Suleyken liefen aufgeregt umher,
15 die Ochsen scharrten an der Kette, die berühmten Suleyker Schafe drängten sich zusammen – hierhin und dorthin: worauf das Auge fiel, unser Dorf zeigte mannigfaltige Unruhe und wimmelnde Aufre-
20 gung; die Geschichte kennt ja dergleichen.

Zu dieser Zeit, wie gesagt, hatte sich Hamilkar Schaß, mein Großvater, fast ohne fremde Hilfe die Kunst des Lesens beigebracht. Er las bereits geläufig dies
25 und das. Dies: damit ist gemeint ein altes Exemplar des Masuren-Kalenders mit vielen Rezepten zum Weihnachtsfest; und

das: darunter ist zu verstehen das Notizbuch eines Viehhändlers, das dieser vor
30 Jahren in Suleyken verloren hatte. Hamilkar Schaß las es wieder und wieder, klatschte dabei in die Hände, stieß, während er immer neue Entdeckungen machte, sonderbar dumpfe Laute des Jubels aus,
35 mit einem Wort: die tiefe Leidenschaft des Lesens hatte ihn erfasst. Ja, Hamilkar Schaß war ihr derart verfallen, dass er sich in ungewohnter Weise vernachlässigte; er gehorchte nunmehr einem Gebieter, wel-
40 chen er auf masurisch den „Zatangä Zitai" zu nennen pflegte, was soviel heißt wie Leseteufel, oder, korrekter: Lesesatan.

Jeder Mann, jedes Wesen in Suleyken war von Schrecken und Angst geschlagen,

45 nur Hamilkar Schaß, mein Großvater, zeigte sich von der Bedrohung nicht berührt; sein Auge leuchtete, die Lippen fabrizierten Wort um Wort, dieweil sein 50 riesiger Zeigefinger über die Zeilen des Masuren-Kalenders glitt, die Form einer Girlande nachzeichnend, zitternd vor Glück.

Aus: Siegfried Lenz, Zaungast: Erzählungen, Hoffmann und Campe Verlag, Hamburg 2008, S. 235 f.

Nacherzählung zu „Der Leseteufel"

Mein Großvater Hamilkar Schaß war gerade 71 Jahre alt, als sich der feindliche General Wawrila mit seinen verkommenen Gefährten Suleyken näherte. Das ganze Dorf war aufgeregt und erwartete angstvoll die Ankunft des Feindes. Nur mein Großvater nicht, der sich zu dieser Zeit gerade mit Mühe selbst das Lesen beigebracht hatte. Zitternd vor Glück ließ er seinen riesigen Zeigefinger in Girlanden über einen alten Kalender oder das Notizbuch eines Viehhändlers gleiten. Er stieß jedes Mal, wenn er etwas Neues entdeckt hatte, einen Jubelschrei aus. Ja, er war sogar so vom Leseteufel erfasst, dass er während des Lesens seine Umwelt vergaß.

Inhaltsangabe zu „Der Leseteufel"

Hamilkar Schaß hat sich gerade selbst das Lesen beigebracht, als das baldige Eintreffen des feindlichen Generals Wawrila und seiner Soldaten ganz Suleyken in Angst und Schrecken versetzt. Nur nicht Hamilkar Schaß, der so vom Lesen gepackt ist, dass er seine Umwelt und die Bedrohung vollkommen vergisst.

Aufgabe 11 Sieh dir die Nacherzählung sowie die Inhaltsangabe zu „Der Leseteufel" nochmals genau an. Worin unterscheiden sich die beiden Texte?

2.1 Wie fasse ich den Inhalt eines Textes zusammen?

Die größte Schwierigkeit bei der Zusammenfassung eines Textes ist zu entscheiden, welche **Informationen wichtig** sind und welche nicht. Neben dem gründlichen Lesen des Textes ist die Gliederung in **Erzählschritte** hilfreich. Wenn du den Text so unterteilt hast, kannst du den **Inhalt der einzelnen Erzählschritte** zusammenfassen. Dabei musst du dir überlegen, welche Informationen wesentlich sind.

Bevor du mit der Inhaltszusammenfassung beginnst, **lies** den Text **zweimal gründlich** durch. Überlege dabei, worum es in dem Text geht. Beim anschließenden Zusammenfassen helfen dir folgende Hinweise:

Texte zusammenfassen

Erzählschritte

- Gliedere den Text in **Erzählschritte** und **markiere** diese im Text.
- Versuche den Inhalt jedes einzelnen Erzählschritts in **einem Satz zusammenzufassen**. Bei **längeren Texten** gibst du den Inhalt der Erzählschritte in **mehreren Sätzen** wieder.
- Folgende **Hinweise** zeigen dir an, **dass ein neuer Erzählschritt beginnt:**
  - Oft ist der Beginn eines neuen Erzählschritts durch einen Absatz im Text signalisiert.
  - Der Ort wechselt.
  - Personen kommen hinzu oder gehen weg.
  - Die Personen tun etwas anderes.

Logisches Verhältnis

- Überlege dir, in welchem **logischen Verhältnis** die einzelnen Erzählschritte stehen.
- Suche nach **Konjunktionen** oder **Adverbien**, die das logische Verhältnis beschreiben.
  Beispiel: *Nachdem* er dieses Abenteuer überstanden hat, macht er sich auf den Weg über das Gebirge, *obwohl* er vor den Gefahren gewarnt wurde.

✦ **TIPP:** Achte darauf, den Text **nicht in zu viele Erzählschritte** zu unterteilen.

Aufgabe 12
a) Untergliedere den Text „So ein Morgen" in vier Erzählschritte. Die Sätze sind durchnummeriert, sodass du einfach angeben kannst, welche Sätze einen Erzählschritt bilden.
b) Fasse die Erzählschritte dieser kurzen Geschichte in jeweils ein bis zwei Sätzen zusammen.

Alexander Frank: So ein Morgen

(1) Der Tag begann für Susanne wirklich fürchterlich. **(2)** Der Wecker klingelte nicht rechtzeitig, die Milch kochte über, und als sie das Haus verließ, regnete es. **(3)** Da sie spät dran war, musste sie rennen, um die Linie 12 zu erreichen, die sie jeden Morgen ins Büro bringt. **(4)** Völlig außer Atem stieg sie in die Straßenbahn und ließ sich erleichtert auf einen Sitz fallen. **(5)** Sie zog sofort ihr Englischbuch heraus, um sich auf den Volkshochschulkurs am Abend vorzubereiten und ließ sich durch all die Gespräche um sie herum nicht stören. **(6)** Sie war gerade dabei, sich beizubringen, dass „a can of Coke" nicht ein Kännchen Cola heißt, sondern eine Dose Cola, als sie mit einem Ruck nach vorne flog. (7) Alle reckten die Hälse, um zu sehen, was die Straßenbahn gestoppt hatte. (8) Ein Zwergschnauzer hatte sich losgerissen und wäre beinahe unter die Räder der Straßenbahn gekommen, wenn sie nicht heftig gebremst hätte. (9) Jetzt hockte er auf dem Arm seiner Besitzerin, einer netten alten Dame, die aber etwas verstört die Straßenbahn anschaute, und wurde gehätschelt. (10) Das ist noch einmal gut gegangen, dachte Susanne und vertiefte sich wieder in ihr Buch, aus dem sie erst wieder aufschaute, als sie den Bahnhofsplatz erreicht hatten. (11) Eilig stieg sie aus, sprintete die Treppe hoch und kam gerade noch rechtzeitig an ihren Arbeitsplatz.

Aufgabe 13 Setze folgende Konjunktionen passend in die Leerstellen ein:

nachdem – obwohl – da – während

_____ Susanne am Morgen sehr viel Pech gehabt hat, erreicht sie

gerade noch die Straßenbahn, die sie zum Büro bringt. _____

sie Englisch lernt, muss die Straßenbahn plötzlich stoppen, _____ ein

Hund auf die Gleise gelaufen ist. _____ sie den Bahn-

hofsplatz erreicht haben, kommt Susanne gerade noch rechtzeitig ins Büro.

Aufgabe 14 Stelle durch passende Konjunktionen das logische Verhältnis zwischen den Sätzen dar.

a) Das Auto kommt von der Straße ab. Es regnet.
b) Der Fahrer ist angeschnallt. Er verletzt sich.
c) Der Fahrer des nachfolgenden Wagens hat sein Handy dabei. Er kann einen Krankenwagen rufen.
d) Der Krankenwagen kommt. Der verletzte Fahrer wird von einer Notärztin versorgt.
e) Seine Verletzungen sind sehr schwer. Ein Rettungshubschrauber muss gerufen werden.
f) Sie warten auf den Rettungshubschrauber. Der Verletzte bekommt eine Infusion. Sein Kreislauf bleibt stabil.
g) Der Rettungshubschrauber kommt sehr schnell. Das Leben des Verletzten kann gerettet werden.

2.2 Wie formuliere ich die Einleitung?

In der **Einleitung** soll knapp gesagt werden, worum es in dem Text geht. Das heißt, dass du eine Formulierung finden musst, die den **zentralen Inhalt** des Textes trifft. Daneben sollen **Autor*in**, **Titel** und die **Textsorte** genannt werden. Es ist wahrscheinlich am besten, wenn du den Einleitungssatz erst formulierst, wenn die Inhaltsangabe bereits fertig geschrieben ist. Dann hast du auf jeden Fall die Kernaussage des Textes verstanden und es fällt dir leichter, einen guten Einleitungssatz zu schreiben.

Eine Einleitung für eine Inhaltsangabe verfassen

- In der Einleitung solltest du nennen:
  - den **Autor** oder die **Autorin** des Textes,
  - den **Titel** und
  - die **Textsorte**.
- Fasse **knapp** zusammen, was der **zentrale Inhalt** des Textes ist.

ıfgabe 15
Im Folgenden findest du verschiedene Einleitungen einer Inhaltsangabe zum Text „So ein Morgen" (S. 35/36). Welche dieser Einleitungen hältst du für gelungen? Begründe deine Meinung.

A In der kurzen Erzählung „So ein Morgen" wird erzählt, wie ein Hund beinahe überfahren wird.

B In der kurzen Erzählung „So ein Morgen" wird erzählt, wie eine Frau jeden Morgen zur Arbeit fährt.

C In der kurzen Erzählung „So ein Morgen" wird vom turbulenten Tagesbeginn einer Büroangestellten erzählt.

D In der kurzen Erzählung „So ein Morgen" wird erzählt, wie eine Frau trotz Unterbrechungen in der Straßenbahn Englisch lernt.

ıfgabe 16
a) Markiere die Erzählschritte in der folgenden Kurzgeschichte.
b) Fasse den Inhalt der Erzählschritte in je höchstens drei Sätzen zusammen.
c) Überlege, in welchem logischen Verhältnis die Erzählschritte zueinander stehen, und suche, wenn möglich, Konjunktionen (z. B. *da, nachdem, obwohl*) oder Adverbien (z. B. *deswegen, folglich, allerdings*), die dieses Verhältnis wiedergeben. Schreibe dann den Hauptteil einer Inhaltsangabe.
d) Formuliere die Einleitung.
e) Überlege dir einen Schlusssatz.

Peter Bichsel: Der Mann mit dem Gedächtnis

1 Ich kannte einen Mann, der wusste den ganzen Fahrplan auswendig, denn das Einzige, was ihm Freude machte, waren Eisenbahnen, und er verbrachte seine Zeit
5 auf dem Bahnhof, schaute, wie die Züge ankamen und wie sie wegfuhren. Er bestaunte die Wagen, die Kraft der Lokomotiven, die Größe der Räder, bestaunte die aufspringenden Kondukteure und den
10 Bahnhofsvorstand.

Er kannte jeden Zug, wusste, woher er kam, wohin er ging, wann er irgendwo ankommen wird und welche Züge von da wieder abfahren und wann diese an-
15 kommen werden.

Er wusste die Nummern der Züge, er wusste, an welchen Tagen sie fahren, ob sie einen Speisewagen haben, ob sie die Anschlüsse abwarten oder nicht. Er
20 wusste, welche Züge Postwagen führen und wie viel eine Fahrkarte nach Frauenfeld, nach Olten, nach Niederbipp oder irgendwohin kostet.

Er ging in keine Wirtschaft, ging nicht
25 ins Kino, nicht spazieren, er besaß kein Fahrrad, kein Radio, kein Fernsehen, las keine Zeitung, keine Bücher, und wenn er Briefe bekommen hätte, hätte er auch diese nicht gelesen. Dazu fehlte ihm die
30 Zeit, denn er verbrachte seine Tage im Bahnhof, und nur wenn der Fahrplan wechselte, im Mai und im Oktober, sah man ihn einige Wochen nicht mehr.

Dann saß er zu Hause an seinem Tisch
35 und lernte auswendig, las den neuen Fahrplan von der ersten bis zur letzten Seite, merkte sich die Änderungen und freute sich über sie.

Es kam auch vor, dass ihn jemand nach
40 einer Abfahrtszeit fragte. Dann strahlte er übers ganze Gesicht und wollte genau wissen, wohin die Reise gehe, und wer ihn fragte, verpasste die Abfahrtszeit bestimmt, denn er ließ den Frager nicht
45 mehr los, gab sich nicht damit zufrieden, die Zeit zu nennen, er nannte gleich die Nummer des Zuges, die Anzahl der Wagen, die möglichen Anschlüsse, die Fahrzeiten; erklärte, dass man mit diesem
50 Zug nach Paris fahren könne, wo man umsteigen müsse und wann man ankäme, und er begriff nicht, dass das die Leute nicht interessierte. Wenn ihn aber jemand stehenließ und weiterging, bevor er sein
55 ganzes Wissen erzählt hatte, wurde er böse, beschimpfte die Leute und rief ihnen nach: „Sie haben keine Ahnung von Eisenbahnen!"

Er selbst bestieg nie einen Zug.
60 Das hätte auch keinen Sinn, sagte er, denn er wisse ja zum Voraus, wann der Zug ankomme.

„Nur Leute mit schlechtem Gedächtnis fahren Eisenbahn", sagte er, „denn wenn
65 sie ein gutes Gedächtnis hätten, könnten sie sich doch wie ich die Abfahrts- und Ankunftszeit merken, und sie müssten nicht fahren, um die Zeit zu erleben."

Ich versuchte, es ihm zu erklären, ich
70 sagte: „Es gibt aber Leute, die freuen sich über die Fahrt, die fahren gern Eisenbahn und schauen zum Fenster hinaus und schauen, wo sie vorbeikommen."

Da wurde er böse, denn er glaubte, ich
75 wollte ihn auslachen, und er sagte: „Auch das steht im Fahrplan, sie kommen an Luterbach vorbei und an Deitingen, an Wangen, Niederbipp, Önsingen, Oberbuchsiten, Egerkingen und Hägendorf."
80 „Vielleicht müssen die Leute mit der Bahn fahren, weil sie irgendwohin kommen wollen", sagte ich.

„Auch das kann nicht wahr sein!", sagte er, „denn fast alle kommen irgend-
85 einmal zurück, und es gibt sogar Leute, die steigen jeden Morgen hier ein und

kommen jeden Abend zurück – so ein schlechtes Gedächtnis haben sie."

Und er begann, die Leute auf dem 90 Bahnhof zu beschimpfen. Er rief ihnen nach: „Ihr Idioten, ihr habt kein Gedächtnis." Er rief ihnen nach: „An Hägendorf werdet ihr vorbeikommen", und er glaubte, er verderbe ihnen damit den Spaß.

95 Er rief: „Sie Dummkopf, Sie sind schon gestern gefahren." Und als die Leute nur lachten, begann er, sie von den Trittbrettern zu reißen und beschwor sie, ja nicht mit dem Zug zu fahren.

100 „Ich kann Ihnen alles erklären", schrie er, „Sie kommen um 14 Uhr 27 an Hägendorf vorbei, ich weiß es genau, und Sie werden es sehen, Sie verbrauchen Ihr Geld für nichts, im Fahrplan steht alles."

105 Bereits versuchte er, die Leute zu verprügeln.

„Wer nicht hören will, muss fühlen", rief er. Da blieb dem Bahnhofsvorstand nichts anderes übrig, als dem Mann zu 110 sagen, dass er ihm den Bahnhof verbieten müsse, wenn er sich nicht anständig aufführe. Und der Mann erschrak, weil er ohne Bahnhof nicht leben konnte, und er sagte kein Wort mehr, saß den ganzen 115 Tag auf der Bank, sah die Züge ankommen und die Züge wegfahren, und nur hier und da flüsterte er einige Zahlen vor sich hin, und er schaute den Leuten nach und konnte sie nicht begreifen.

120 Hier wäre die Geschichte eigentlich zu Ende.

Aber viele Jahre später wurde im Bahnhof ein Auskunftsbüro eröffnet. Dort saß ein Beamter in Uniform hinter 125 dem Schalter, und er wusste auf alle Fragen über die Bahn eine Antwort. Das glaubte der Mann mit dem Gedächtnis nicht, und er ging jeden Tag ins neue Auskunftsbüro und fragte etwas sehr Kom-130 pliziertes, um den Beamten zu prüfen.

Er fragte: „Welche Zugnummer hat der Zug, der um 16 Uhr 24 an den Sonntagen im Sommer in Lübeck ankommt?" Der Beamte schlug ein Buch auf und 135 nannte die Zahl.

Er fragte: „Wann bin ich in Moskau, wenn ich hier mit dem Zug um 6 Uhr 59 abfahre?", und der Beamte sagte es ihm. Da ging der Mann mit dem Gedächtnis 140 nach Hause, verbrannte seine Fahrpläne und vergaß alles, was er wusste.

Am andern Tag aber fragte er den Beamten: „Wie viele Stufen hat die Treppe vor dem Bahnhof?", und der Beamte sagte: 145 „Ich weiß es nicht." Jetzt rannte der Mann durch den ganzen Bahnhof, machte Luftsprünge vor Freude und rief: „Er weiß es nicht, er weiß es nicht."

Und er ging hin und zählte die Stufen 150 der Bahnhoftreppe und prägte sich die Zahl der Stufen ins Gedächtnis ein, in dem jetzt keine Abfahrtszeiten mehr waren.

Dann sah man ihn nie mehr im Bahnhof. Er ging jetzt in der Stadt von Haus zu 155 Haus und zählte die Treppenstufen und merkte sie sich, und er wusste jetzt Zahlen, die in keinem Buch der Welt stehen.

Als er aber die Zahl der Treppenstufen in der ganzen Stadt kannte, kam er auf 160 den Bahnhof, ging an den Bahnschalter, kaufte sich eine Fahrkarte und stieg zum ersten Mal in seinem Leben in einen Zug, um in eine andere Stadt zu fahren und auch dort die Treppenstufen zu zählen, 165 und dann weiterzufahren, um die Treppenstufen in der ganzen Welt zu zählen, um etwas zu wissen, was niemand weiß und was kein Beamter in Büchern nachlesen kann.

Quelle: Peter Bichsel, Kindergeschichten, Frankfurt am Main, Suhrkamp Verlag 2001, S. 121.

Aufgabe 17 Verfasse eine Inhaltsangabe zu der folgenden Kurzgeschichte.

Alexander Frank: Ein ganz normaler Schultag

1 Sie drehte den Kopf ein wenig und beob-
achtete Daniel aus den Augenwinkeln.
Sein Haar war so schwarz und glatt und
seine Augen so grün. Wenn er im Gang
5 an ihr vorüberlief, lächelte sie ihn immer
an. Sie hätte aber auch eine Wand an-
lächeln können; die lächelt auch nicht
zurück.

Sie zuckte zusammen. Herr Wagner,
10 ihr Deutschlehrer, stand neben ihr und
pochte mit seinen gelben Nikotinfingern
auf das gelbe Reclam-Heft, das vor ihr
lag. Wie passend, dachte sie, nickte und
beugte sich über ihr Buch, das sie wie ein
15 stiller und sicherer Raum umschloss.

Bücher liebte sie, nur sie und das
Buch, das zu ihr sprach. Mit Daniel wäre
sie gerne einmal ins Schwimmbad gegangen, um zusammen mit ihm auf dem
20 Handtuch zu liegen, mit ihm in den
Himmel zu schauen und die Sonne auf
der Haut zu spüren. Aber wenn er sie
nicht einmal anlächelte, dann war das
Schwimmbad im Land Nirgendwo. Sie
25 hob den Kopf und sah, dass die anderen
ihre Reclam-Hefte in die Schultaschen
schoben. Schon wieder eine Pause. Sie
stand auf und ließ sich von den anderen
durch die Tür schieben. Die Schülermas-
30 sen, die durch den engen Gang in den
Pausenhof flossen, nahmen sie mit und
schwemmten sie auf den asphaltierten
Pausenhof. Keine Chance, zur Toilette zu
kommen.

35 „Au!" Sie drehte sich empört um. Ein
Tennisball hatte sie am Kopf getroffen.
Ein Fünftklässler stand da, zuckte mit
den Schultern und verbarg den Ball in
seiner Hosentasche. Sie ging an Svenja
40 und Carina vorbei, die sich mit Daniel
unterhielten und lachten. Jetzt konnte sie
zur Toilette, die Gänge waren frei.

Schnell schlüpfte sie in eine Kabine
und setzte sich auf den Klodeckel. War-
45 um fühlte sie sich in der engen Kabine
befreit? Zigarettenrauch stieg ihr in die
Nase. Nebenan wurde geraucht; wahrscheinlich drängten sich wieder vier in
eine Kabine. Sie atmete den Rauch tief
50 ein. Rauchen wäre nicht schlecht; man
wäre allein und doch beschäftigt; man
täte etwas, könnte bei den anderen stehen, müsste nicht reden, nur inhalieren.

Sie öffnete die Tür einen Spalt und
55 sah in den Vorraum. Keine, die ihr Make-
up überprüfte, keine, die sich kämmte.
Schon wieder zu spät! Eilig lief sie zum
Klassenzimmer. Herr Klenz, der an der
Tafel ein Dreieck zeichnete, drehte sich
60 kurz um, hob nur die Augenbraue und
zeichnete weiter. Er könnte doch auch
mal schimpfen oder nur richtig böse schau-
en, wie er es bei den anderen machte,
wenn sie zu spät kamen. Sie setzte sich
65 schnell auf ihren Stuhl, schlug ihr Mathe-
heft auf und begann zu zeichnen. Nur
noch Englisch überstehen, dann war der
Vormittag vorbei.

Langsam packte sie ihre Tasche ein,
70 während die anderen aus dem Klassenzimmer drängelten. Sie hatte den muffi-
gen Gang für sich allein; keiner rempelte
sie an. Vor der Schule blieb sie stehen und
hob den Kopf zum Himmel: Schwimm-
75 badwetter für die anderen, für sie ein
Lesenachmittag. Sie senkte den Kopf und
trottete nach Hause.

Jemand stieß sie so hart zurück, dass
sie fast stürzte. Verwirrt schaute sie auf.
80 Ein älterer Mann mit Glatze deutete auf
den BMW, der an ihnen vorüberschoss,
und tippte sich an die Stirn. Glück gehabt, dachte sie und nickte dem Mann zu,
der kopfschüttelnd die Straße überquerte.

85 Was wird Mama gekocht haben, schnupperte sie, als sie den Schlüssel im Schloss umdrehte: Spaghetti? Neugierig ging sie in die Küche, um nachzusehen. Ihre Mutter streichelte ihr liebevoll über ihre 90 rot gefärbten, kurzen Haare und schaute suchend hinter ihre Ohren. Sie schüttelte den Kopf und dachte traurig: Wenn sie ihre Hörgeräte nicht trägt, dann versteht sie noch weniger und alles wird noch 95 schlimmer.

Aufgabe 18 Schreibe eine Inhaltsangabe zum folgenden Ausschnitt aus dem Text „Nicht versetzt".

Peter Weiß: Nicht versetzt

1 Ich kam mit dem Schulzeugnis nach Hause, in dem ein schrecklicher Satz zu lesen war, ein Satz, vor dem mein ganzes Dasein zerbrechen wollte. Ich ging mit diesem Satz 5 große Umwege, wagte mich nicht mit ihm nach Hause, sah immer wieder nach, ob er nicht plötzlich verschwunden war, doch er stand immer da, klar und deutlich.

Als ich schließlich nach Hause kam, 10 weil ich nicht die Kühnheit hatte, mich als Schiffsjunge nach Amerika anheuern zu lassen, saß bei meinen Eltern Fritz W. „Was machst du denn für ein betrübliches Gesicht?", rief er mir zu. „Ist es ein 15 schlechtes Zeugnis?", fragte meine Mutter besorgt, und mein Vater blickte mich an, als sehe er alles Unheil der Welt hinter mir aufgetürmt.

20 Ich reichte das Zeugnis meiner Mutter hin, aber Fritz riss es mir aus der Hand und las es schon und brach in schallendes Gelächter aus. 25 „Nicht versetzt", rief er und schlug sich mit seiner kräftigen Hand auf die Schenkel. „Nicht versetzt!", rief er noch einmal, während meine El- 30 tern abwechselnd ihn und mich verstört anstarrten, und er zog mich zu sich heran

und schlug mir auf die Schultern. „Nicht versetzt, genau wie ich", rief er, „ich bin 35 viermal sitzengeblieben." Damit war meine Todesangst zerstäubt, alle Gefahr vergangen. Aus den verwirrten Gesichtern meiner Eltern konnte sich keine Wut mehr hervorarbeiten, sie konnten mir 40 nichts mehr vorwerfen, da ja Fritz W., dieser tüchtige und erfolgreiche Mann, alle Schuld von mir genommen hatte und mich dazu noch besonderer Ehrung für würdig hielt.

Quelle: Peter Weiß, Abschied von den Eltern, Frankfurt am Main: Suhrkamp Verlag 1964, S. 94.

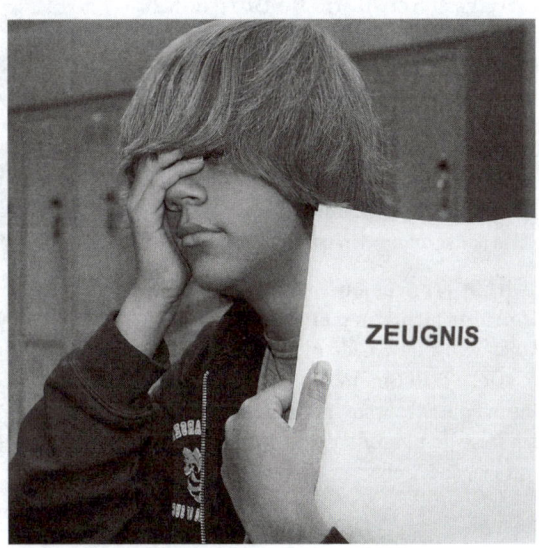

2.3 Wie fasse ich ein Gedicht zusammen?

Gedichte lassen sich eigentlich schwer zusammenfassen, weil es darin oft um Gefühle, Gedanken und Stimmungen geht. Es gibt aber eine besondere Gedichtform: die **Ballade**. Sie lässt sich gut zusammenfassen, weil sie mit den Mitteln des Gedichts, also Vers, Reim und Strophe, dennoch eine Geschichte erzählt. Eine Ballade ist also ein **Erzählgedicht**. Bei der Zusammenfassung einer Ballade gehst du nicht anders vor als bei einem erzählenden Prosatext:

Balladen untersuchen

- Die Aufteilung in **Strophen** erleichtert es dir, die einzelnen Erzählschritte herauszufinden:
  - Eine neue Strophe ist oft auch ein **neuer Erzählschritt**.
  - Manchmal musst du aber auch **mehrere Strophen** zu einem Erzählschritt zusammenfassen.
- Hin und wieder werden in Balladen ungewohnte **altertümliche Formulierungen** verwendet, die du in die heutige Sprache übersetzen musst.
- Beim **Einleitungssatz** solltest du darauf achten, nicht nur die **Handlung** wiederzugeben, sondern auch das, was diese Handlung zeigen soll – also die **Botschaft** der Ballade.

Aufgabe 19 Teile die Ballade in verschiedene Erzählschritte ein. Denke daran, dass man mehrere Strophen zu einem Erzählschritt zusammenfassen kann.

Friedrich Schiller: Die Bürgschaft

(1) Zu Dionys, dem Tyrannen, schlich
Damon, den Dolch im Gewande;
Ihn schlugen die Häscher in Bande,
„Was wolltest du mit dem Dolche? sprich!"
Entgegnet ihm finster der Wüterich.
„Die Stadt vom Tyrannen befreien!"
„Das sollst du am Kreuze bereuen."

(2) „Ich bin", spricht jener, „zu sterben bereit
Und bitte nicht um mein Leben,
Doch willst du Gnade mir geben,
Ich flehe dich um drei Tage Zeit,
Bis ich die Schwester dem Gatten gefreit;
Ich lasse den Freund dir als Bürgen,
Ihn magst du, entrinn ich, erwürgen."

Friedrich Schiller (1759–1805)

(3) Da lächelt der König mit arger List
Und spricht nach kurzem Bedenken:
„Drei Tage will ich dir schenken;
Doch wisse, wenn sie verstrichen, die Frist,
Eh du zurück mir gegeben bist,
So muß er statt deiner erblassen,
Doch dir ist die Strafe erlassen."

(4) Und er kommt zum Freunde: „Der König gebeut,
Daß ich am Kreuz mit dem Leben
Bezahle das frevelnde Streben.
Doch will er mir gönnen drei Tage Zeit,
Bis ich die Schwester dem Gatten gefreit;
So bleib du dem König zum Pfande,
Bis ich komme zu lösen die Bande."

(5) Und schweigend umarmt ihn der treue Freund
Und liefert sich aus dem Tyrannen,
Der andere ziehet von dannen.
Und ehe das dritte Morgenrot scheint,
Hat er schnell mit dem Gatten die Schwester vereint,
Eilt heim mit sorgender Seele,
Damit er die Frist nicht verfehle.

(6) Da gießt unendlicher Regen herab,
Von den Bergen stürzen die Quellen,
Und die Bäche, die Ströme schwellen.
Und er kommt ans Ufer mit wanderndem Stab,
Da reißet die Brücke der Strudel herab,
Und donnernd sprengen die Wogen
Des Gewölbes krachenden Bogen.

(7) Und trostlos irrt er an Ufers Rand:
Wie weit er auch spähet und blicket
Und die Stimme, die rufende, schicket.
Da stößet kein Nachen vom sichern Strand,
Der ihn setze an das gewünschte Land,
Kein Schiffer lenket die Fähre,
Und der wilde Strom wird zum Meere.

(8) Da sinkt er ans Ufer und weint und fleht,
Die Hände zum Zeus erhoben:
„O hemme des Stromes Toben!
Es eilen die Stunden, im Mittag steht
Die Sonne, und wenn sie niedergeht
Und ich kann die Stadt nicht erreichen,
So muß der Freund mir erbleichen."

(9) Doch wachsend erneut sich des Stromes Wut,
Und Welle auf Welle zerrinnet,
Und Stunde an Stunde entrinnet.
Da treibt ihn die Angst, da faßt er sich Mut
Und wirft sich hinein in die brausende Flut
Und teilt mit gewaltigen Armen
Den Strom, und ein Gott hat Erbarmen.

(10) Und gewinnt das Ufer und eilet fort
Und danket dem rettenden Gotte,
Da stürzet die raubende Rotte
Hervor aus des Waldes nächtlichem Ort,
Den Pfad ihm sperrend, und schnaubet Mord
Und hemmet des Wanderers Eile
Mit drohend geschwungener Keule.

(11) „Was wollt ihr?" ruft er für Schrecken bleich,
„Ich habe nichts als mein Leben,
Das muß ich dem Könige geben!"
Und entreißt die Keule dem nächsten gleich:
„Um des Freundes willen erbarmet euch!"
Und drei mit gewaltigen Streichen
Erlegt er, die andern entweichen.

(12) Und die Sonne versendet glühenden Brand,
Und von der unendlichen Mühe
Ermattet sinken die Kniee.
„O hast du mich gnädig aus Räubershand,
Aus dem Strom mich gerettet ans heilige Land,
Und soll hier verschmachtend verderben,
Und der Freund mir, der liebende, sterben!"

(13) Und horch! da sprudelt es silberhell,
Ganz nahe, wie rieselndes Rauschen,
Und stille hält er, zu lauschen;
Und sieh, aus dem Felsen, geschwätzig, schnell,
Springt murmelnd hervor ein lebendiger Quell,
Und freudig bückt er sich nieder
Und erfrischet die brennenden Glieder.

(14) Und die Sonne blickt durch der Zweige Grün
Und malt auf den glänzenden Matten
Der Bäume gigantische Schatten;
Und zwei Wanderer sieht er die Straße ziehn,
Will eilenden Laufes vorüber fliehn,
Da hört er die Worte sie sagen:
„Jetzt wird er ans Kreuz geschlagen."

(15) Und die Angst beflügelt den eilenden Fuß,
Ihn jagen der Sorge Qualen,
Da schimmern in Abendrots Strahlen
Von ferne die Zinnen von Syrakus,
Und entgegen kommt ihm Philostratus,
Des Hauses redlicher Hüter,
Der erkennet entsetzt den Gebieter:

(16) „Zurück! du rettest den Freund nicht mehr,
So rette das eigene Leben!
Den Tod erleidet er eben.
Von Stunde zu Stunde gewartet' er
Mit hoffender Seele der Wiederkehr,
Ihm konnte den mutigen Glauben
Der Hohn des Tyrannen nicht rauben."

(17) „Und ist es zu spät, und kann ich ihm nicht
Ein Retter willkommen erscheinen,
So soll mich der Tod ihm vereinen.
Des rühme der blutge Tyrann sich nicht,
Daß der Freund dem Freunde gebrochen die Pflicht,
Er schlachte der Opfer zweie
Und glaube an Liebe und Treue!"

(18) Und die Sonne geht unter, da steht er am Tor,
Und sieht das Kreuz schon erhöhet,
Das die Menge gaffend umstehet,
An dem Seile schon zieht man den Freund empor,
Da zertrennt er gewaltig den dichten Chor:
„Mich, Henker", ruft er, „erwürget!
Da bin ich, für den er gebürget!"

(19) Und Erstaunen ergreifet das Volk umher,
In den Armen liegen sich beide
Und weinen vor Schmerzen und Freude.
Da sieht man kein Auge tränenleer,
Und zum Könige bringt man die Wundermär,
Der fühlt ein menschliches Rühren,
Läßt schnell vor den Thron sie führen,

(20) Und blicket sie lange verwundert an.
Drauf spricht er: „Es ist euch gelungen,
Ihr habt das Herz mir bezwungen;
Und die Treue, sie ist doch kein leerer Wahn,
So nehmet auch mich zum Genossen an:
Ich sei, gewährt mir die Bitte,
In eurem Bunde der Dritte."

Aus: Friedrich Schiller: Werke in drei Bänden. Herausgegeben von Herbert G. Göpfert unter Mitwirkung von Gerhard Fricke. München: Carl Hanser Verlag 1966, Band 2, S. 763–767. (Alte Rechtschreibung beibehalten)

Aufgabe 20 Die folgenden Sätze einer Inhaltsangabe sind durcheinandergeraten. Bringe sie in die richtige Reihenfolge und ordne die Sätze den einzelnen Strophen von Schillers Ballade zu. Was fällt dir dabei auf?

(a) Damon bekommt eine Frist von drei Tagen und verheiratet innerhalb dieser Zeit seine Schwester. (b) Bei einem gescheiterten Versuch, den Tyrannen Dionys von Syrakus zu ermorden, wird Damon festgenommen und zum Tode verurteilt. (c) Nach der Hochzeit gibt ihm auf dem Rückweg die Sorge um seinen Freund die Kraft, Hunger und Durst, einen reißenden Strom und sogar eine Räuberbande zu überwinden. (d) Da er zuvor seine Schwester noch verheiraten möchte, hinterlässt er dem Tyrannen seinen Freund als Bürgen, der an seiner Stelle sterben soll, wenn Damon nicht rechtzeitig zurückkommt. (e) Als er in letzter

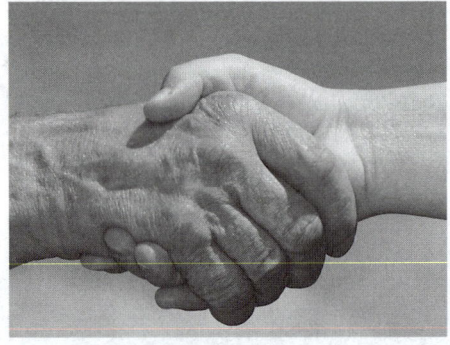

Minute zum König zurückkehrt und auf diese Weise seinen Freund rettet, ist Dionys von der Treue Damons so beeindruckt, dass er den beiden Freunden die Freiheit schenkt und selbst um ihre Freundschaft bittet.

Aufgabe 21 Welche dieser Einleitungen einer Inhaltsangabe zu Schillers „Die Bürgschaft" sind deiner Meinung nach gelungen? Begründe deine Ansicht.

A In der Ballade „Die Bürgschaft" erzählt uns Friedrich Schiller, dass Damon von den Häschern aufgrund eines Dolchs unter dem Gewand gefangen wird und dafür am Kreuz büßen soll.

B In der Ballade „Die Bürgschaft" will Friedrich Schiller zeigen, dass wahre Freundschaft nichts trennt, wenn man fest an den anderen glaubt.

C In der Ballade „Die Bürgschaft" will uns der Dichter Friedrich Schiller zeigen, dass man durch wahre Freundschaft viel mehr erreichen kann als durch Egoismus.

D In der Ballade „Die Bürgschaft" von Friedrich Schiller zeigt uns der Dichter, was man durch Liebe alles erreichen kann.

E Friedrich Schiller will uns in der Ballade zeigen, dass man etwas schaffen kann, wenn man es nur will.

ufgabe 22 Lies zunächst Goethes Ballade „Der Zauberlehrling". Verbessere im Anschluss die zugehörige Inhaltsangabe auf S. 48.

Johann Wolfgang von Goethe: Der Zauberlehrling

1 Hat der alte Hexenmeister
Sich doch einmal wegbegeben!
Und nun sollen seine Geister
Auch nach meinem Willen leben.
5 Seine Wort und Werke
Merkt ich und den Brauch,
Und mit Geistesstärke
Tu ich Wunder auch.

Walle! walle
10 Manche Strecke,
Daß, zum Zwecke,
Wasser fließe
Und mit reichem, vollem Schwalle
Zu dem Bade sich ergieße.

15 Und nun komm, du alter Besen,
Nimm die schlechten Lumpenhüllen!
Bist schon lange Knecht gewesen:
Nun erfülle meinen Willen!
Auf zwei Beinen stehe,
20 Oben sei ein Kopf,
Eile nun und gehe
Mit dem Wassertopf!

Walle! walle
Manche Strecke,
25 Daß, zum Zwecke,
Wasser fließe
Und mit reichem, vollem Schwalle
Zu dem Bade sich ergieße.

Seht, er läuft zum Ufer nieder!
30 Wahrlich! ist schon an dem Flusse,
Und mit Blitzesschnelle wieder
Ist er hier mit raschem Gusse.
Schon zum zweiten Male!
Wie das Becken schwillt!
35 Wie sich jede Schale
Voll mit Wasser füllt!

Stehe! stehe!
Denn wir haben
40 Deiner Gaben
Vollgemessen! –
Ach, ich merk es! Wehe! wehe!
Hab ich doch das Wort vergessen!

Ach, das Wort, worauf am Ende
45 Er das wird, was er gewesen!
Ach, er läuft und bringt behende!
Wärst du doch der alte Besen!
Immer neue Güsse
Bringt er schnell herein,
50 Ach, und hundert Flüsse
Stürzen auf mich ein!

Nein, nicht länger
Kann ichs lassen:
Will ihn fassen!
55 Das ist Tücke!
Ach, nun wird mir immer bänger!
Welche Miene! welche Blicke!

O, du Ausgeburt der Hölle!
Soll das ganze Haus ersaufen?
60 Seh ich über jede Schwelle
Doch schon Wasserströme laufen.
Ein verruchter Besen,
Der nicht hören will!
Stock, der du gewesen,
65 Steh doch wieder still!

Willst am Ende
Gar nicht lassen?
Will dich fassen,
Will dich halten
70 Und das alte Holz behende
Mit dem scharfen Beile spalten!

Seht, da kommt er schleppend wieder!
Wie ich mich nur auf dich werfe,
75 Gleich, o Kobold, liegst du nieder;
Krachend trifft die glatte Schärfe.
Wahrlich! brav getroffen!
Seht, er ist entzwei!
Und nun kann ich hoffen,
80 Und ich atme frei!

Wehe! wehe!
Beide Teile
Stehn in Eile
Schon als Knechte
85 Völlig fertig in die Höhe!
Helft mir, ach! ihr hohen Mächte!

Und sie laufen! Naß und nässer
Wirds im Saal und auf den Stufen:
90 Welch entsetzliches Gewässer!
Herr und Meister, hör mich rufen! –

Ach, da kommt der Meister!
Herr, die Not ist groß!
Die ich rief, die Geister,
95 Werd ich nun nicht los.

„In die Ecke,
Besen! Besen!
Seids gewesen!
Denn als Geister
100 Ruft euch nur, zu seinem Zwecke,
Erst hervor der alte Meister.“

Johann Wolfgang von Goethe, Gedichte 1800. Hrsg. von Karl Eibel, Wissenschaftliche Buchgesellschaft, Darmstadt, 1998, S. 141 ff. (Alte Rechtschreibung beibehalten)

Inhaltsangabe zu „Der Zauberlehrling"

Der Hexenmeister geht weg, und der Lehrling nützt diese Chance aus und zaubert sich einen Besen, der mit einem Kopf und Beinen ausgestattet ist. Er beauftragt den Besen, für ihn Wasser zu holen, denn er möchte ein Bad nehmen. Doch als der Lehrling unglücklicherweise den Zauberspruch für das Ende des Desasters vergisst und das ganze Haus unter Wasser steht, bekommt er seine Wut. Daraufhin stürzt er sich auf den Holzgegenstand und hackt ihn mit dem Beil entzwei. Aber plötzlich wird ihm klar, dass vor ihm schon wieder ein Knecht steht. Als er keine Lösung mehr weiß, ruft er seinen Meister, der auch schon bei dem Haus angetroffen ist und mit dem passenden Zauberspruch den Spuk wieder auflöst.

Johann Wolfgang von Goethe, der Balladenschreiber, will mit der Ballade „Der Zauberlehrling" sagen, dass man lieber nur das macht, was man kann, und das, was man nicht kann, lieber gehenlassen soll.

3 Inhaltsangabe von Sachtexten

In Sachtexten erhältst du **Informationen über einen Sachverhalt**. Der Text besteht aus einzelnen Informationen zum Thema, die der Autor bzw. die Autorin für wichtig und interessant hält.

In der Schule musst du oft Sachtexte zusammenfassen: Wenn du etwa als Hausaufgabe in Biologie die Seiten 20 und 21 im Buch lernen sollst, lernst du sie nicht Wort für Wort auswendig, sondern merkst dir die wesentlichen Informationen. Was du wirklich lernst, ist **erheblich kürzer** als der Text im Biologiebuch. Bei der Inhaltsangabe eines Sachtextes musst du genauso die wesentlichen Informationen von den unwesentlichen unterscheiden. Zudem solltest du in deine Zusammenfassung nur diejenigen Informationen aufnehmen, die unerlässlich sind, damit die Leserschaft weiß, worum es geht:

Besonderheiten von Sachtexten

- Achte besonders auf den **Gedankengang** beziehungsweise die **Argumentation** des Autors bzw. der Autorin.
- Versuche, die **einzelnen Schritte** eines Gedankengangs oder einer Argumentation zu **erkennen** und **zusammenzufassen**.
- Suche die **wesentlichen Informationen** heraus und gib sie **kürzer** wieder als im Ausgangstext.

3.1 Wie finde ich heraus, welche Einzelheiten wichtig sind?

Manchmal scheint es auf den ersten Blick schwierig, herauszufinden, welche Informationen in einem Text wichtig sind. Folgende **Arbeitsschritte** helfen dir, die wesentlichen Inhalte herauszufiltern:

Erfassen wesentlicher Inhalte

- Lies den Text **einmal** durch.
- Überlege dir, auf welche **Fragen** der Autor bzw. die Autorin eine Antwort gibt.
- Lies dir den Text noch einmal genau durch und unterstreiche die **Schlüsselwörter**, die für die Beantwortung der Fragen wichtig sind.

✔ **TIPP:** Achte darauf, nicht zu viel zu unterstreichen. Ein gut gegliederter Text enthält in jedem Abschnitt eine Grundidee. Suche also in jedem Absatz nach dem **Schlüsselwort**, das den grundlegenden Gedanken wiedergibt.

Aufgabe 23 a) Lies den folgenden Text und schreibe auf, welche wesentlichen Fragen der Autor beantwortet.

b) Markiere im Text Schlüsselwörter, die Antworten auf die von dir formulierten Fragen geben.

Fritz Jantschke: Auch Affen lieben heiße Bäder!

1 Winter in Japan. Seit Tagen schneit es in den Shiga-Bergen, einige hundert Kilometer nördlich der Hauptstadt Tokio. Eigentlich ein Wetter für Schneehasen 5 und Eisbären, und nicht für Affen! Aber die Rotgesichtsmakaken, mit den Berberaffen Nordafrikas die nördlichsten Vertreter der Herdentiere, sind so gut an diese Verhältnisse angepasst, dass sie oft auch 10 als Schneeaffen bezeichnet werden.

Ihr dichter Pelz, in dem sie wie kleine Bären aussehen, schützt sie gut gegen das ungemütliche Wetter. Wie eine Haube bleibt der Schnee, der in dicken Flocken 15 auf sie fällt, auf ihnen liegen. Wegen des isolierenden Felles schmilzt er nicht.

Aber die Schneeaffen verlassen sich nicht nur auf ihren Winterpelz. Im Höllental des Nagano-Bezirks gibt es nämlich et20 was Ungewöhnliches: warme Quellen! Tausende von Touristen nehmen während des Sommers heilsame Bäder darin. Doch auch die Schneeaffen wissen, was gut ist: Längst haben sie entdeckt, wie angenehm 25 diese Schwitzbäder sind, vor allem im Winter! Eher durch einen Zufall kam es zu dieser hervorragenden „Erfindung". Es waren fünf Jungtiere, die sich vor etwa 20 Jahren einfach so zum Spaß in das Was30 ser setzten. Mmm, das tat gut! So gut, dass ihre Artgenossen es ihnen nachmachten. Heute halten sich die Schneeaffen oft tagelang in den warmen Quellen auf. Sie verlassen sie nur kurz, um sich im Schnee Fut35 ter zu suchen. Doch auch in dieser Beziehung geht es ihnen gut: Tierfreundliche Japaner helfen den Affen seit Jahren über die Wintermonate, indem sie ihnen etwas zuwerfen.

40 Mit Süßkartoffeln und Erdnüssen gesättigt, kehren die Tiere rasch in das wohlig warme Bad zurück. Sie fühlen sich darin inzwischen so heimisch, dass sie sich im Wasser sogar gegenseitig das Fell pflegen. 45 Japans Rotgesichtsmakaken sind seit Jahren berühmt für ihre Lernfähigkeit! Dafür gibt's noch andere eindrucksvolle Beispiele: So verwendete eines Tages ein Affe beim Waschen einer Kartoffel statt Süß50 wasser das salzige Meerwasser. Und siehe da: Die Kartoffel schmeckte plötzlich besser! Diese Erfindung wurde von anderen Tieren beobachtet, und bald salzten alle ihre Kartoffeln auf diese Weise …! Eine 55 weitere Mode machte rasch die Runde im Affenvolk: Sie trennten Weizen von Sand,

indem sie beides ins Wasser warfen und die leichten Körner von der Oberfläche abfischten.

60 Wie schnell setzt sich ein neues Verhalten, eine neue Erfindung in der Affenfamilie durch? Die Antwort hängt vom Alter des „Erfinders" ab. Ein Beispiel: Als einer Gruppe Bonbons angeboten wur-

65 den, nahm mehr als die Hälfte der Jungtiere die Süßigkeiten sofort. Aber nur eines von 66 Weibchen und drei von 37 Männchen. Nach einem Jahr aßen 92 % der Jungen die Bonbons, etwa die Hälfte

70 der Weibchen und ein Prozent der Männchen. Ein bisschen ist's wie bei den Menschen. Die jungen Tiere sind am ehesten bereit, neue Moden mitzumachen. Erwachsene Männchen dagegen sind in der

75 Regel „konservativ". Bei ihnen dauert es am längsten, Neues anzunehmen.

Quelle: Treff, Das Schülermagazin für Jungen und Mädchen, Nr. 1, Januar 1997, S. 6 ff.

3.2 Wie formuliere ich die wesentlichen Inhalte aus?

Wenn du die zentralen Aussagen eines Textes zusammengetragen hast, kannst du deine Inhaltsangabe ausformulieren, indem du die wesentlichen Informationen knapp wiedergibst. Dabei solltest du dem Leser oder der Leserin auch den **logischen Zusammenhang der Informationen** klarmachen. Dazu formulierst du am besten nicht nur in Hauptsätzen, sondern bildest Satzgefüge, indem du Hauptsätze mit Nebensätzen verknüpfst.

Für die vollständige Inhaltsangabe fehlt nun nur noch der **Einleitungssatz**. Wie du diesen richtig formulierst, kannst du nochmals auf S. 37 nachlesen.

Inhalte ausformulieren

- Formuliere einen einführenden **Einleitungssatz** (siehe S. 37).
- Überlege dir, in welchem **logischen Zusammenhang** die Schlüsselwörter und damit die einzelnen Informationen zueinander stehen.
- Formuliere **Hauptsätze** aus den einzelnen Schlüsselwörtern.
- **Verknüpfe** diese Hauptsätze **abwechslungsreich** mit Konjunktionen und Adverbien (siehe S. 30 und 35).

Aufgabe 24 a) Formuliere einen Einleitungssatz zum Artikel von Fritz Jantschke (S. 50 f.).

b) Bilde aus den Schlüsselbegriffen (vgl. Aufgabe 23 b) Hauptsätze, die die wesentlichen Informationen enthalten.

c) Verbinde die in Teilaufgabe b) formulierten Hauptsätze zu Satzgefügen.

3.3 Wie stelle ich einen Sachverhalt knapp dar?

Manchmal erscheinen beim Lesen eines Textes zunächst alle Einzelheiten wichtig. Für eine Inhaltsangabe musst du den Text aber möglichst knapp halten. Das gelingt dir z. B., indem du Aussagen zusammenfasst, die sinngemäß zusammengehören. Hier hilft dir die Suche nach **Oberbegriffen:**

Oberbegriffe finden und einsetzen

- Ein Oberbegriff ist ein **Sammelbegriff**, mit dem sich mehrere andere Begriffe zusammenfassen lassen. Er hilft dir, bestimmte Sachverhalte **kurz und präzise** zusammenzufassen.
- Du brauchst Oberbegriffe, wenn du nach einem **allgemeinen** Begriff suchst.
  Beispiel: Sandalen, Stiefel, Sportschuhe → Oberbegriff *Schuhe*
  Beispiel: Neptun, Uranus, Saturn, Jupiter, Mars, Erde, Venus und Merkur kreisen um die Sonne. → Acht *Planeten* kreisen um die Sonne.

Aufgabe 25 Mit welchen Oberbegriffen lassen sich die unter a) und b) beschriebenen Sachverhalte jeweils zusammenfassen?

a) Der Eisbär läuft auf seinen breiten Tatzen ausdauernd und schwimmt auch gut im eisigen Meerwasser, sodass er Robben und kleine Landsäugetiere erlegen kann. Im Sommer frisst er aber auch Beeren und Kräuter.

b) Die Eisbären sind meist Einzelgänger. Nur wenn ein Weibchen Junge zur Welt bringt, bildet sie mit ihren Kindern eine Familie. Die Jungen, meist zwei pro Wurf, werden im Winter in einer Schneehöhle geboren. Sie sind kurz nach der Geburt nackt, blind und taub. Im Frühjahr verlässt das Muttertier zum

ersten Mal die Höhle und jagt vor allem neugeborene Robben, mit denen sie auch die Jungtiere füttert. Im zweiten Lebensjahr jagen die Jungtiere schon mit. Gegen Ende des zweiten Lebensjahres machen sie sich dann selbstständig und die Familie zerfällt.

fgabe 26 Verfasse eine Inhaltsangabe zu folgendem Artikel.

Ritter, Burgen und Burgfräulein

1 Mancher Junge träumt davon, als Ritter in den Kampf zu ziehen und manches Mädchen davon, als Burgfräulein von einem schönen Prinzen entführt zu werden.

5 Das Leben im Mittelalter und besonders das Leben in einer mittelalterlichen Burg war aber nicht so romantisch, vornehm und bequem, wie man es sich heute vorstellt.

10 Eine Burg war in erster Linie eine Verteidigungsanlage. Deswegen wurden Burgen meist auf Bergen erbaut. So konnten die Wächter schon von Weitem sehen, wenn der Feind anrückte, und außerdem 15 machte es die Sache für den Feind nicht leichter, wenn er mühsam einen steilen Hang hinaufmarschieren musste und von oben die Pfeile flogen. Die dicken und hohen Mauern, die Wehrgänge (überdachte Holzgänge auf den Mauern), die 20 Öffnungen in der Mauer, durch die man brennendes Pech auf die Feinde hinabgießen oder Steine auf sie werfen konnte, der mit Wasser gefüllte Burggraben, die 25 Zugbrücke und das Fallgatter waren nur dafür gedacht, Feinde abzuwehren. Und wenn der Feind das Haupttor gestürmt hatte, dann war die Burg noch immer nicht eingenommen. Denn zwischen Au-30 ßen- und Innentor befand sich ein ungeschützter offener Bereich, der Zwinger. Der Zwinger war als Falle für die Angreifer gedacht, die durch das Außentor nach innen gelangt waren. Befanden sich die 35 Feinde innerhalb der Zwingermauern, so hatten sie nur die Wahl, durch das Außentor zurückzukehren oder das Innentor zu erstürmen. Immer waren sie jedoch schutzlos den Pfeilen, Steinen und Spee-40 ren der Verteidiger ausgesetzt. Und wenn die Angreifer das Innentor zerstört hat-

ten, dann hatten sie immer noch nicht gesiegt. Denn die Burgbesatzung konnte sich als letzte Zuflucht in den Bergfried 45 zurückziehen. Der Bergfried war stets der höchste Turm der Burg. Der Eingang befand sich aus Sicherheitsgründen nicht zu ebener Erde, sondern im ersten Stock. Die Eingangsleiter konnte bei Gefahr 50 hochgezogen werden. Im Keller des Bergfrieds gab es oft einen Brunnenschacht und Vorratsräume, sodass die Verteidiger lange dort ausharren konnten.

Zwar dienten Burgen hauptsächlich 55 der Verteidigung, zugleich waren sie aber auch Wohnsitze der Adeligen, die dort mit ihrer Familie, ihren Dienstmannen (Soldaten) und ihrem Gesinde (Knechte und Mägde) lebten. Da der Burgherr um 60 die Burg herum meist große Besitzungen hatte, waren Burgen zudem Mittelpunkt der Verwaltung und des Gerichtswesens.

Die Burg war ebenso ein Wirtschaftsbetrieb. In der großen Küche musste per-65 manent gekocht werden. Die Familie des Burgherren, die Dienstmannen, das Gesinde und auch Besucher erwarteten ihre tägliche Mahlzeit. Man musste Vorräte für Kriegszeiten bereithalten und diese Vor-70 räte mussten nicht nur für die Burgbewohner ausreichen, sondern auch für die Bauern, die in Kriegszeiten in der Burg Zuflucht suchten. Es wurde Wein gelagert, Waffen und Rüstungen mussten gepflegt 75 werden, Pferde und Hunde waren zu betreuen, Schreiner, Maurer und Schmiede standen für Reparaturarbeiten an der Burg bereit.

Burgen waren aber auch die Mittel-80 punkte des kulturellen Lebens: Hier wurden mit den adligen Burgnachbarn, die in ihren prächtigsten Gewändern kamen,

rauschende Feste gefeiert, hier spielten
fahrende Musikanten auf, Minnesänger
85 trugen ihre Gedichte vor und die Ritter
kämpften auf Turnieren. Turniere waren
eine Art Berufswettkampf, in dem die
besten Kämpfer ermittelt wurden. Sie
waren zugleich auch ein Training für den
90 Ernstfall, das jedoch manchmal selbst
zum Ernstfall wurde. Oft gab es Verletzte
und Tote, was die Zuschauer aber nicht
davon abhielt, die Turniere als prächtige
und spannende Unterhaltungsshows zu
95 genießen.

Auf Burgen wurden des Weiteren die
adligen Kinder erzogen: Ein junger Ritter
lernte hier alles, was er für sein späteres
Leben als Krieger brauchte: Er lernte, her-
100 vorragend zu reiten, ausdauernd zu
schwimmen und zu tauchen, mit Schwert
und Bogen zu kämpfen und nebenbei
auch, sich höfisch zu benehmen, das
heißt, gesittet zu essen und zu tanzen.
105 Lesen und schreiben lernte er nicht, dafür hatte er Priester.

Burgen waren zwar prächtige Gebäu-
de im Vergleich zu den Hütten der Bauern. Bequem lebte aber weder der Bauer
110 noch der Ritter. Panoramafenster, wie
wir sie heute kennen, gab es auf Burgen
nicht. Oft dienten nur schmale Schlitze in
den Mauern als Fenster, die mit Tierfellen
oder hölzernen Fensterläden verschlos-
115 sen wurden. In den Burgräumen war es
dunkel. Licht brachten Talglampen, Fa-
ckeln, Kienspäne oder das Feuer im Kamin. Richtig warm wurde es nur in der
Küche, wenn gekocht wurde, oder in der
120 Kemenate (Frauengemach), die die Burg-
herrin bewohnte. Saß man im Winter vor
dem Kamin des Rittersaals, wurde man
vorne geröstet, während der Rücken eis-
kalt blieb. Weil es in den Nächten sehr
125 kühl war, schliefen meist mehrere Burgbewohner in einem Bett. Wenn man es
sich leisten konnte, hatte man ein Him-
melbett, gewissermaßen ein Schlafzim-
mer im Zimmer. Die Stoffbahnen an den
130 Seiten wurden zugezogen, damit die Wärme im Bett blieb und als Dach diente ein
Stoffhimmel, der nicht nur als Kälte-
schutz diente, sondern auch verhinderte,
dass sich Ungeziefer von der Decke auf
135 die Schlafenden fallen ließ.

Es ist für uns heute unterhaltsam, Burgen zu besichtigen. Wir sollten aber froh
sein, dass der Traum vom Ritter und vom
Burgfräulein nur ein Traum bleibt. Müss-
140 ten wir wirklich in einer mittelalterlichen
Burg leben, wir würden uns spätestens in
einer kalten Winternacht in unser warmes
und bequemes Zuhause zurücksehnen.

3.4 Wie überarbeite ich meinen Text?

Wie jeder Aufsatz muss auch die Inhaltsangabe überarbeitet werden. Genauere Hinweise dazu findest du im Kapitel „Arbeitstechniken: Texte überarbeiten" (S. 15 ff.). Achte bei der Überarbeitung einer Inhaltsangabe besonders darauf, ob die **wesentlichen Aussagen** der Textgrundlage **wiedergegeben** werden.

Aufgabe 27 Lies zunächst den Text „Hightech für die Füße". Überarbeite im Anschluss die zugehörige Inhaltsaufgabe auf S. 56/57 und verbessere die sprachlichen und inhaltlichen Fehler.

Hightech für die Füße

1 David Beckham ist Popstar vom Scheitel bis zur Sohle: Immer wieder verblüfft der ehemalige Kapitän von Englands Fußballteam die Welt mit ausgefallenen Frisuren

5 und – neuen Schuhen. Die letzten waren champagnerfarben, passend zum Ball, mit dem bei der Weltmeisterschaft in Korea und Japan gespielt wurde. Doch Beckhams Schuhe sehen nicht nur elegant aus

10 – es lässt sich mit ihnen auch hervorragend Fußball spielen: Das spezielle Obermaterial erlaubt es dem Spieler, seinen Pässen einen besonderen Schnitt zu geben, während Sohle und Stollen dafür sor-

15 gen, dass er dabei einen festen Halt hat.

Ein Sportsmann früherer Zeiten hätte beim Anblick solcher Schuhe seinen Augen nicht getraut. Denn ganz gleich, ob es sich um Fußball oder Tennis handel-

20 te, trugen Sportler bis weit ins 20. Jahrhundert echte Klötze an den Füßen, die manchmal mehr als ein Kilogramm wogen. Ein Schuh sollte schützen, mehr nicht. Andererseits machte der Amerikaner

25 Charles Goodyear schon im Jahr 1839 eine bahnbrechende Erfindung: das Gummi. Dieses neue Material beflügelte Techniker, Ingenieure und Schuster. War bisher jeder nur auf Ledersohlen gelaufen,

30 gab es nun ein Material, das viel elasti-

scher und widerstandsfähiger war. Bald schon kamen die ersten leichteren Turnschuhe aus Stoff und mit Gummisohle auf den Markt.

35 Doch mittlerweile sind Leder und Gummi fast überholt. Die Turnschuh-Industrie verwendet heute Hightech-Materialien mit Zungenbrecher-Namen wie „Ethylenvinylacetat". Es gibt Polster, die

40 beim Laufen und Springen jeden Stoß dämpfen, kleine Kissen in der Sohle, die mit Gas oder Gel gefüllt sind. Der letzte Schrei sind gefederte Absätze aus einem gummiartigen Kunststoff, der auch bei

45 Formel-1-Rennwagen in die Federung eingebaut wird, damit die Fahrer bequemer sitzen.

Doch längst tragen nicht mehr nur Sportler Sportschuhe und daher gibt es kaum
50 jemanden, der nicht Turnschuhe der füh-
renden Marken im Schrank hat. In den
USA wurden im letzten Jahr allein an
Kinder und Jugendliche 107 Millionen
Paare verkauft. Weil die Hersteller möch-
55 ten, dass das so bleibt oder sogar noch
besser wird, lassen sie sich jedes Jahr etwas Neues einfallen, zum Beispiel ein
noch besseres Polster oder ein noch grel-
leres Design. Heute sehen die meisten
60 Turnschuhe so aus, als trüge man Raum-
schiffe am Fuß – manche leuchten nachts,
andere haben Schrittzähler oder eine Mini-
luftpumpe.

Dafür verlangen die Hersteller einen
65 stattlichen Preis und so sind 150 Euro inzwischen durchaus üblich. Weil die Ein-
nahmen zum großen Teil in die Entwicklung neuer Modelle und vor allem in die
Werbung fließen, sparen die Firmen bei
70 der Herstellung. Fast alle haben die Produktion nach China, Indonesien oder auf
die Philippinen verlagert. Denn dort ver-

dient ein Arbeiter nur wenige Cent, hat
lange Arbeitstage und kaum Sicherheit:
75 Wer krank wird, verliert nicht selten seinen Arbeitsplatz. Nachdem es in Europa
und den USA gegen diese Methode Proteste gab, haben die Firmen Besserung
gelobt. Trotzdem wird man, wenn man
80 einen Blick in seine Turnschuhe wirft,
mit ziemlicher Sicherheit feststellen, dass
sie aus einem der sogenannten Billiglohn-
länder kommen.

Problematisch sind auch viele der ver-
85 wendeten Materialien, etwa das Spezial-
Gas in den Luftpolstern, das den Treibhauseffekt fast 24 000-mal mehr verstärkt
als dieselbe Menge Kohlendioxid. Eine
kleine Verbesserung ist jedoch in Sicht:
90 Damit nicht jedes Jahr Abermillionen
Paare ausgedienter Sportschuhe einfach
in den Müll wandern, nehmen einige
namhafte Firmen sie zurück. Denn so, wie
aus alten Zeitungen Klopapier wird, kann
95 man auch die Schuhe zum Teil wieder
verwerten – für Turnhallenböden und
Sportplatzbeläge.

GEOlino 09/2002, S. 20, High Tech für die Füße. Autor: Martin Verg

Inhaltsangabe zu „Hightech für die Füße"

Der Sachtext „Hightech für die Füße" ist vom Autor Martin Verg und stammt aus der Quelle GEOlino Nr. 9/2002.
Es wird erzählt, wie die Geschichte der Schuhe ist und
manche Leute sie revolutioniert haben.
David Beckham verblüfft die Menschen mit ausgefallenen
Frisuren und vor allem mit neuen Schuhen, indem er ein
spezielles Obermaterial verwendet, wodurch David seinen
Pässen einen besonderen Schnitt geben kann und durch
die Sohle und die Stollen fest auf dem Rasen steht.
Doch Sportler tragen bis weit ins 20. Jahrhundert Klötze
an den Füßen, die meist mehr als ein Kilogramm wiegen,
bis Charles Goodyear im Jahr 1839 das Gummi erfindet,
das Techniker, Ingenieure und Schuster beflügelt, weil das
Gummi viel elastischer und widerstandsfähiger ist.

Danach kommen noch viele leichtere Turnschuhe auf den Markt. Die Turnschuh-Industrie verwendet ab sofort Hightech-Materialien wie „Ethylenvinylacetat" oder andere Polster, die jeden Stoß dämpfen, sowie kleine Kissen, die mit Gas oder Gel gefüllt sind. Weil nicht nur Sportler Turnschuhe tragen, werden in den USA allein an Kinder und Jugendliche 107 Millionen Paar verkauft. Weil die Hersteller möchten, dass das so bleibt, lassen sie deshalb bessere Polster, grellere Designs oder Schrittzähler und Miniluftpumpen einbauen. Da die Produktion in Billiglohnländern stattfindet, bezahlen die Firmen nur wenige Cent pro Arbeiter, obwohl sie dann diese Schuhe für meist 150 Euro verkaufen. Aber weil das Spezial-Gas in den Schuhen den Treibhauseffekt um das 2 500-fachige wie Kohlendioxid verstärkt, werden die Schuhe für Turnhallenböden oder Sportplatzbeläge verwendet.

Checkliste zur Inhaltsangabe

Einleitungssatz

- Habe ich **Autor*in**, **Titel** und **Textsorte** genannt?
- Habe ich die **Kernaussage** des Textes klar wiedergegeben?

Hauptteil

- **Inhalt**
  - Habe ich **knapp zusammengefasst** und längere Handlungsabläufe/größere Informationsblöcke mit wenigen schlagkräftigen Begriffen wiedergegeben?
  - Habe ich den **logischen Zusammenhang** der Erzählschritte/Informationen wiedergegeben?
- **Sprache**
  - Habe ich die Inhaltsangabe im **Präsens** verfasst?
  - Habe ich **direkte Rede** in die **indirekte Rede** umgeformt?
  - Habe ich **eigene Formulierungen** verwendet und nichts wörtlich aus dem Text übernommen?
  - Habe ich **sachlich** geschrieben?
  - Habe ich, wenn nötig, die **Ich-Form** in die **Er-Form** umgewandelt?

Protokoll

Das Protokoll verlangt dieselben Fähigkeiten, die du auch für die Inhaltsangabe brauchst: das **Wesentliche** zu erkennen und **knapp zusammenzufassen**.

Protokolle werden beispielsweise bei Mitgliederversammlungen in Vereinen angefertigt, damit auch abwesende Mitglieder über das Treffen informiert werden können und damit man eine Gedächtnisstütze für später hat, wenn man sich vielleicht nicht mehr an jedes Detail dieser Versammlung erinnert. Solch einen Text nennt man Protokoll oder **Niederschrift**.

Protokolle können immer dann verfasst werden, wenn Menschen zusammenkommen und miteinander reden, also über Gespräche, Diskussionen, Besprechungen, Verhandlungen, Konferenzen und auch Schulstunden. Es wird nur das aufgeschrieben, was **tatsächlich gesagt** wurde oder passiert ist. Der Protokollant – das ist der- oder diejenige, der/die das Protokoll schreibt, – darf **nichts hinzuerfinden** und **keine persönlichen Bemerkungen** in das Protokoll einfließen lassen. Der Inhalt wird so wiedergegeben, dass eine unbeteiligte Person nachvollziehen kann, was z. B. bei einer Besprechung beschlossen wurde.

Am Ende des Protokolls **unterschreibt** der Protokollant und bestätigt damit die sachliche Richtigkeit der Niederschrift. Bei vielen Protokollen unterschreibt zudem der Versammlungsleiter, nachdem er den Text auf sachliche Richtigkeit hin überprüft hat.

Verfassen eines Protokolls

Inhalt

- Du gibst in einem Protokoll **sachlich** den **Inhalt** einer Veranstaltung wieder.

Aufbau

- Im **Protokollkopf** musst du folgende Angaben machen:
  - Name der Veranstaltung
  - Datum, Beginn und Ende der Veranstaltung, Ort
  - Leiter/Leiterin
  - Anwesende und Abwesende
  - Schriftführer/Schriftführerin
  - Tagesordnung
- Du gliederst dein Protokoll in **Tagesordnungspunkte (TOP)**.
- Am Ende des Protokolls **unterschreibst** du.

Sprache

- Formuliere **klar** und **sachlich**.
- Wechsle bei den **Redeeinleitungen** ab (siehe S. 75).
- **Äußerungen** der Beteiligten gibst du folgendermaßen wieder:
  - im Wortprotokoll **wortwörtlich**,
  - in den anderen Protokollarten mit der **indirekten Rede**.
- **Tempus** ist entweder das Präsens oder das Präteritum.

1   Verschiedene Arten von Protokollen

1.1   Das Wortprotokoll

Es gibt verschiedene Arten von Protokollen. Eine besonders exakte Variante des Protokolls ist das Wortprotokoll. Hier wird **Wort für Wort** erfasst, was gesagt worden ist. Diese Art des Protokolls wird nur bei besonderen Anlässen benutzt. Die Sitzungen im Bundestag werden beispielsweise in Wortprotokollen dokumentiert. In der Schule wirst du diese Art von Protokoll in der Regel aber nicht verfassen:

Wortprotokoll

- Hier schreibst du **Wort für Wort** mit.
- Dafür musst du **stenografieren** (= Kurzschrift) können oder du lässt ein **Tonband** mitlaufen.

Beispiel

VORSITZENDE SILVIA THIELSEN: Ich möchte jetzt ein anderes Problem zur Sprache bringen. In der letzten Saison hatten wir immer wieder Probleme, dass sich unsere Wasserballer rüpelhaft benommen und gegnerische Spieler beschimpft haben. So hat beim Spiel gegen die Dödesheimer einer unserer Spieler dem Torwart zugerufen, dass sein Kopf und der Ball sich sehr ähnlich seien, beide seien hohl (Zwischenruf von Peter Oechsner: Das ist geschmeichelt.), und Hans Sachslehner hat im selben Spiel einem gegnerischen Spieler vorgeschlagen, in Zukunft doch lieber im Kinderbecken zu spielen. Auch wenn die beleidigten Spieler sich nicht offiziell beschweren, dürfen wir das nicht zulassen. Wasserball muss ein faires Spiel bleiben, bei dem der Gegner geachtet und nicht beschimpft wird.

HANS SACHSLEHNER: Aber wenn die uns beschimpfen, dann schimpfe ich zurück. Bei dem von dir angesprochenen Fall hat mich der Dödesheimer zuerst gefragt, wo ich Wasserballspielen gelernt hätte. (Zwischenruf von Peter Oechsner: Da muss man sich wehren dürfen!) Das lasse ich mir nicht gefallen. (Beifall)

> Jeder Beitrag wird exakt wiedergegeben.

> Jedes Detail gehört ins Wortprotokoll, auch „Zwischenrufe".

> Reaktionen des Publikums werden vermerkt.

VORSITZENDE SILVIA THIELSEN: Wir sollen uns aber nicht provozieren lassen, Hans. Wenn ein Dödesheimer ohne Fallschirm vom Kirchturm springt, dann springst du doch auch nicht mit Juchhe hinterher.

HANS SACHSLEHNER: Komm mir nicht mit unpassenden Vergleichen. Ich bleibe dabei, ich lasse mich nicht beschimpfen.

MARGIT KLATT: Beim letzten Trainertreffen habe ich mitbekommen, dass wir schon einen schlechten Ruf haben. Ich finde, auch wenn wir provoziert werden, sollten wir nicht mit gleicher Münze zurückzahlen. Wenn wir den Mund halten, dann werden die auch aufhören. Wir sollten bei uns strenge Regeln einführen. Wer andere Spieler beschimpft, sollte 5 € in die Vereinskasse zahlen. Damit lösen wir das Problem.

VORSITZENDE SILVIA THIELSEN: Das ist ein guter Vorschlag. Den stelle ich als Antrag. Wer ist dafür, in Zukunft so vorzugehen? Ich zähle 44 Stimmen. Wer ist dagegen? Ich zähle 21 Stimmen. Wer enthält sich der Stimme? Ich zähle 3 Stimmen. Damit ist der Antrag angenommen und hoffentlich ist für die nächste Saison das Problem vom Tisch.

> Ergebnisse von Abstimmungen sind besonders wichtig.

1.2 Das Ergebnisprotokoll

Im Unterschied zum Wortprotokoll wird im Ergebnisprotokoll nur das **Ergebnis einer Veranstaltung** festgehalten. Der Rest des Gesprächs, also wie man zu diesem Ergebnis gelangt ist, ist nicht Gegenstand dieser Protokollart:

Ergebnisprotokoll

- Du fasst knapp die **wichtigsten Beiträge** und **Ergebnisse** einer Veranstaltung zusammen.
- Äußerungen, die **zu einem bestimmten Thema** gehören, **fasst du zusammen**, auch wenn sie zeitlich nicht direkt aufeinanderfolgen.
- Du schreibst dein Ergebnisprotokoll im **Präsens** oder im **Präteritum**.

Beispiel Die Vorsitzende beklagt das rüpelhafte Benehmen der Spie- *Anlass*
ler in der letzten Saison. Auch wenn man provoziert wer-
de, dürfe man den gegnerischen Spieler nicht beleidigen.
Nach einer kontroversen Diskussion wird beschlossen, dass *Diskussion*
derjenige, der andere Spieler beleidigt, 5 € in die Vereinskasse zu zahlen habe. Der Vorschlag wird mit 44 gegen *Ergebnis*
21 Stimmen angenommen. Es gibt drei Enthaltungen.

1.3   Das Verlaufsprotokoll

Etwas ausführlicher ist das Verlaufsprotokoll. Hier wird im Unterschied zum
Ergebnisprotokoll der **Verlauf einer Veranstaltung** festgehalten, also **wie man
zu einem Ergebnis gelangt** ist und wer dazu was beigetragen hat:

Verlaufsprotokoll
- Du hältst den **Verlauf** einer Veranstaltung fest.
- Du musst die Beiträge in der **richtigen zeitlichen Reihenfolge** kurz zusammenfassen.
- Dein Verlaufsprotokoll verfasst du im **Präsens** oder im **Präteritum**.

Beispiel Die Vorsitzende Silvia Thielsen beklagt, dass in der letzten *1. Punkt*
Saison eigene Spieler gegnerische Spieler beschimpft hät-
ten. Sie weist auf die Vorfälle beim Spiel gegen Dödesheim *2. Punkt*
hin. Sie fordert, Beleidigungen nicht zuzulassen, da Wasserball ein faires Spiel bleiben müsse. Hans Sachslehner *3. Punkt*
wehrt sich, indem er darauf hinweist, dass sie provoziert
worden seien, worauf Silvia Thielsen ihm entgegenhält, *4. Punkt*
dass man einem schlechten Vorbild nicht folgen müsse.
Margit Klatt schlägt vor, Spieler, die den Gegner beschimp- *5. Punkt*
fen, mit einer Strafe von 5 € zu belegen, die in die Vereinskasse eingezahlt wird. Silvia Thielsen lässt über diesen An- *6. Punkt*
trag abstimmen. Der Vorschlag wird mit 44 zu 21 Stimmen *7. Punkt*
angenommen. Drei Teilnehmer enthalten sich der Stimme.

1.4   Das Unterrichtsprotokoll

Eine Sonderform des Protokolls ist das Unterrichtsprotokoll. Es ist eine Mischung aus Verlaufs- und Ergebnisprotokoll. Man kann es auch **erweitertes Ergebnisprotokoll** nennen:

Unterrichtsprotokoll

- In einem Unterrichtsprotokoll gibst du das **Unterrichtsergebnis** wieder.
- Außerdem beschreibst du den **Weg**, wie es zu diesem Ergebnis gekommen ist.

🖋 **TIPP:** Diese Form des Protokolls wird dir in der Schule immer wieder begegnen. Daher kannst du ab S. 78 genau nachlesen, welche formalen, inhaltlichen und sprachlichen Anforderungen das Unterrichtsprotokoll an dich stellt.

2   Mitschreiben als Protokollant/in

In der Schule wirst du es vor allem mit Unterrichtsprotokollen zu tun haben. Im Folgenden trainierst du aber zunächst einige grundlegende Dinge zum **Vorgehen** und **sprachlichen Stil**, die **für alle Protokollarten** wichtig sind.
Die erste Schwierigkeit bei einem Protokoll ist zunächst das Mitschreiben. Du musst bereits **beim Zuhören auswählen**, welche Informationen wichtig sind und welche nicht. Folgende Frage kann dabei helfen: Welche Informationen muss jemand haben, der nicht bei der Veranstaltung war, um zu begreifen, was dort passiert und herausgekommen ist?

Mitschreiben für ein Protokoll

- Schreibe nur **das Wesentliche** auf.
- Schreibe nur **Stichpunkte** auf und lasse Hilfsverben, Artikel und Konjunktionen weg.
- Notiere bei **wichtigen Aussagen** den **Namen** des Sprechers bzw. der Sprecherin.
- Vermerke die angewandten **Methoden** (Diskussion, Lehrervortrag, Gruppenarbeit, Medieneinsatz usw.).
- Verwende **Symbole** und **Abkürzungen**, die du schnell schreiben kannst.
- Lege deine **Notizen übersichtlich** an:
  - Nimm für jeden Gedanken eine eigene Zeile.
  - Markiere die einzelnen Gedanken durch Spiegelstriche.
- Welche deiner Informationen für das Protokoll wichtig sind, kannst du **hinterher entscheiden**.

fgabe 28   Streiche im folgenden Text alles weg, was für das Protokoll unwichtig ist.

VORSITZENDE SILVIA THIELSEN: Ich möchte jetzt ein anderes Problem zur Spra-che bringen. In der letzten Saison hatten wir immer wieder Probleme, dass sich Spieler rüpelhaft benommen und gegnerische Spieler beschimpft haben. So hat beim Spiel gegen die Dödesheimer einer unserer Spieler dem Torwart zugerufen, dass sein Kopf und der Ball sich sehr ähnlich seien, beide seien hohl (Zwischenruf von Peter Oechsner: Das ist geschmeichelt.), und Hans Sachslehner hat im selben Spiel einem gegnerischen Angreifer vorgeschlagen,

in Zukunft im Kin-derbecken zu spielen. Auch wenn die belei-digten Spieler sich nicht offiziell be-schweren, dürfen wir das nicht zulassen. Wasserball muss ein faires Spiel bleiben, bei dem der Gegner geachtet und nicht beschimpft wird.

⁄ **TIPP:** Du kannst das **Mitschreiben beschleunigen**, indem du

- **Abkürzungen** verwendest: Du musst nicht jedes Wort ausschreiben – es gibt viele gebräuchliche Abkürzungen; du kannst für deine Zwecke aber auch Abkürzungen erfinden.
- **Symbole** verwendest: Dazu kannst du dir selbst Symbole ausdenken oder folgende Symbole verwenden:

Symbole zum Erstellen eines Protokolls

+	=	und	∞	=	verbunden mit, verheiratet
!	=	Achtung wichtig	§	=	Paragraf, Gesetz
?	=	Frage wurde gestellt	⇒	=	daraus folgt
*	=	geboren	ⱽ	=	fehlt
†	=	gestorben	⇔	=	Gegensatz, Widerspruch
≠	=	ungleich			

Aufgabe 29 Was bedeuten folgende Abkürzungen?

Abk. _____

dt. _____

i. d. R. _____

sog. _____

Aufs. _____

Ergebn. _____

internat. _____

v. _____

allg. _____

Ggs. _____

Kl. _____

Einf. _____

bes. _____

frz. _____

Lit. _____

Tb. _____

chin. _____

Gramm. _____

zus. _____

Tab. _____

Aufgabe 30 Versuche einmal, folgenden Text in Stichpunkten und mit Symbolen und Abkürzungen wiederzugeben. Beginne für jeden Gedanken eine neue Zeile.

VORSITZENDE SILVIA THIELSEN: Ich danke nachdrücklich allen Mitgliedern, dass sie zu der Besprechung zum Saisonauftakt gekommen sind, denn es gibt wichtige Fragen zu besprechen. Wir sind beschlussfähig, da heute nur wenige Mitglieder fehlen. Ein Problem, das uns auf den Nägeln brennt, ist, wie oft wir in die Schwimmhalle können; denn daraus ergeben sich die Trainingszeiten. Ein weiteres Problem, mit dem wir uns beschäftigen, ist, ob wir auch eine weibliche Wasserballmannschaft aufstellen wollen. Viele Mitglieder haben das gewünscht. Der Vorstand ist dafür. Wir müssten dafür aber die Vereinssatzung ändern.

Aufgabe 31 Jetzt versuchen wir es einmal andersherum. Formuliere aus den folgenden Stichpunkten einen zusammenhängenden Protokolltext.

Vorsitz. Silvia Thielsen:

- Sprungturm n. i. O. → neu. Anstrich
- Probl.: k. Geld: nur 250 € zur Verfüg. ↔ Kosten 1 000 €
- Lösung: Tombola b. Vereinsfest
- Erlös → Anstrich + neue Videokamera

Aufgabe 32 Bitte jemanden, dir die folgende Diskussion in normalem Sprechtempo zu diktieren und schreibe mit. Wende dabei die Techniken an, die auf S. 64 f. besprochen wurden. Gehe anschließend deine Notizen noch einmal durch und überlege dir, was tatsächlich wichtig ist. Zum Schluss streiche durch, was weggelassen werden kann.

Das Ergebnis ist eine Liste mit den wichtigsten Stichpunkten.

KLASSENLEITERIN FRAU GÜNTER: Wir haben nächsten Mittwoch Wandertag. Hoffentlich ist dann das Wetter schön. Zwei Vorschläge wurden bisher gemacht. Wir können zu Fuß zum Zabelstein wandern oder wir können mit dem Zug nach Würzburg fahren, die Residenz besichtigen und dann in Gruppen durch die Stadt bummeln. Ich bin eigentlich eher dafür, auf den Zabelstein zu wandern, denn es ist ja ein Wandertag und kein Zug- oder Bummeltag.

MELANIE: Zabelstein, Zabelstein, ich kann das schon nicht mehr hören. Seitdem ich laufen kann, schleppen mich meine Eltern auf den Berg. Und so geht es vielen in der Klasse. Das ist halt ein beliebtes Ausflugsziel. Am Sonntag geht es auf dem Weg manchmal zu wie auf der Autobahn nach München.

PETER: Ich war noch nie auf dem Zabelstein. Mich würde das schon interessieren. Dort ist ein hoher Turm, von dem soll man eine coole Aussicht haben. Mir würde die Wanderung Spaß machen, denke ich.

PATRICIA: Ich fass' es nicht, nur um mit seinen Glubschaugen die schöne Aussicht zu genießen, sollen wir auf den öden Berg stiefeln. Kauf dir doch eine Ansichtskarte mit der schönen Aussicht und häng sie dir über das Bett!

JANINE: Du kannst dir auch eine Ansichtskarte von der Residenz kaufen und über das Bett hängen, das ist ein blödes Argument. Außerdem kennen die meisten von uns Würzburg auch gut und in der Residenz waren auch schon viele. Warum soll ich mir all den Kunstquatsch anschauen, das interessiert mich nicht die Bohne. Und was soll das Bummeln in der Stadt? Ich renne von einem Schaufenster zum anderen und schau mir Sachen an, die ich mir eh nicht kaufen kann, oder sitze in einem Café und trinke überteuerte Cola. Da ist mir der Zabelstein schon lieber, jedenfalls lieber, als an dem Tag in die Schule zu gehen.

MARTIN: Stimmt. Der Zabelstein ist billiger als Würzburg. Ich muss das alles von meinem Taschengeld bezahlen und ich habe keine Lust, nur weil die Mädchen Schaufenster anschauen wollen, so viel zu zahlen. Ich bin für den Zabelstein.

KLASSENLEITERIN FRAU GÜNTER: Ich bin auch eher für den Zabelstein. Der Wandertag soll ein Wandertag sein, und da soll man in die Natur und nicht in die Stadt. Wenn wir beschließen, nach Würzburg zu fahren, können wir auch Schwierigkeiten mit dem Direktor bekommen. Der wird das vielleicht nicht genehmigen. Wir haben ja noch einen Exkursionstag, da können wir dann nach Nürnberg fahren. Da waren sicher noch nicht so viele wie in Würzburg. Wäre das ein Kompromiss?

CHRISTINA: Ja, das finde ich gut. Lasst uns doch darüber abstimmen, bevor wir uns weiter streiten.

KLASSENLEITERIN FRAU GÜNTER: Gut, wir stimmen ab. Wer ist für den Kompromissvorschlag, nächste Woche am Wandertag zum Zabelstein zu wandern und am Exkursionstag nach Nürnberg zu fahren? Ich zähle 25 Stimmen dafür. Wer ist dagegen? Ich zähle sechs Stimmen. Damit ist der Vorschlag angenommen.

3   Formulieren des Protokolls

3.1   Wie gebe ich Redebeiträge richtig wieder?

Mitzuteilen, was andere gesagt haben, ist nicht leicht. Im Protokoll werden die Redebeiträge in der **indirekten Rede** oder mithilfe verschiedener alternativer **Formulierungen** wiedergegeben. Im Folgenden findest du eine Übersicht darüber, welche Möglichkeiten du für die Wiedergabe von Redebeiträgen hast:

Wiedergabe von Redebeiträgen

- Für die **indirekte Rede** verwendest du den **Konjunktiv I**. Wenn der Konjunktiv I sich nicht vom Indikativ unterscheidet, dann nimmst du den **Konjunktiv II**.

- Mit der **Redeeinleitung** beginnst du die indirekte Rede. Es gibt zwei Möglichkeiten:
  Beispiel: Frau Günter sagt, dass zwei Vorschläge bereits gemacht worden seien.
  Frau Günter sagt, zwei Vorschläge seien bereits gemacht worden.

- Achte darauf, als **Redeeinleitung** nicht immer nur *sagen* zu verwenden.
  Du kannst die Art der Äußerung charakterisieren und einen Zusammenhang mit den anderen Äußerungen herstellen.
  Beispiel: Sie fasst zusammen ... (statt: Sie sagt ...)

- **Fragesätze**, die kein Fragewort am Anfang haben, leitest du in der **indirekten Rede** mit **ob** ein.
  Beispiel: Hans fragt: „Gibt es auf dem Zabelstein Eis zu kaufen?"
  Hans fragt, ob es auf dem Zabelstein Eis zu kaufen gebe.

- Du kannst Äußerungen auch im **Infinitiv** wiedergeben, indem du der Redeeinleitung die Äußerung im Infinitiv folgen lässt.
  Beispiel: Er erklärt, dies nicht so gemeint zu haben.

- Es ist auch möglich, eine **präpositionale Wendung** als Redeeinleitung zu verwenden und dann den Redeinhalt im Indikativ folgen zu lassen.
  Beispiel: Nach Meinung/Nach Ansicht der Lehrerin soll der Wandertag zum Wandern genutzt werden.

- Du kannst für die indirekte Rede auch den **Indikativ** verwenden, wenn durch die Redeeinleitung und die Konjunktion *dass* klar ist, dass es sich um eine zitierte Redeäußerung handelt.
  Beispiel: Der Klassenleiter erklärt: „Ihr müsst die Tafel sauber wischen."
  Der Klassenleiter erklärt, dass sie die Tafel sauber wischen müssen.

⬧ **TIPP:** Der **Konjunktiv** in der indirekten Rede stellt oft eine besondere Herausforderung dar. Der folgenden Tabelle kannst du die Konjunktivformen von Verben entnehmen, die du häufig brauchst. Außerdem siehst du hier auch, wann statt des Konjunktiv I der Konjunktiv II verwendet wird.

Den **Konjunktiv II** kannst du ersatzweise auch mit *würde* bilden („Das würde den ganzen Spaß verderben.“). Diese **Ersatzform** kannst du verwenden, wenn die eigentliche Form des Konjunktivs II allzu ungewohnt klingt („Das verdürbe den ganzen Spaß.“).

	Indikativ	Konjunktiv I	Konjunktiv II (statt Konjunktiv I)
haben	ich habe	~~ich habe~~	→ ich hätte
	du hast	du habest	
	er hat	er habe	
	sie hat	sie habe	
	es hat	es habe	
	wir haben	~~wir haben~~	→ wir hätten
	ihr habt	ihr habet	
	sie haben	~~sie haben~~	→ sie hätten
sein	ich bin	ich sei	
	du bist	du seist	
	er ist	er sei	
	sie ist	sie sei	
	es ist	es sei	
	wir sind	wir seien	
	ihr seid	ihr seiet	
	sie sind	sie seien	
kommen	ich komme	~~ich komme~~	→ ich käme
	du kommst	du kommest	
	er kommt	er komme	
	sie kommt	sie komme	
	es kommt	es komme	
	wir kommen	~~wir kommen~~	→ wir kämen
	ihr kommt	ihr kommet	
	sie kommen	~~sie kommen~~	→ sie kämen

Aufgabe 33 Formuliere die folgenden Notizen aus und gib das Gesagte in der indirekten Rede wieder.

KLASSENLEITERIN FRAU GÜNTER:

- nächster Mittwoch Wandertag
- 2 Vorschläge
- zu Fuß zum Zabelstein
- Zug nach Würzburg fahren, Residenz, Stadtbummel
- Sie: für Zabelstein, Wandertag, kein Zug- oder Bummeltag

Aufgabe 34 Forme folgende Sätze in die indirekte Rede um. Benutze dabei unterschiedliche Satzkonstruktionen: Leite die Sätze entweder mit *dass* oder ohne *dass* ein.

a) Er klagt: „Morgen habe ich keine Zeit."

_____

b) Er wiederholt: „Christoph muss das tun."

_____

c) Er stellt fest: „Die Wanderung kostet zu viel."

_____

d) Der Direktor legt fest: „Die Exkursion kann nicht stattfinden."

_____

e) Der Vorsitzende fasst zusammen: „Die Vereinsmitglieder haben das Richtige getan."

_____

f) Frau Müller entgegnet: „Ich renne doch nicht in Socken durch die Straßen."

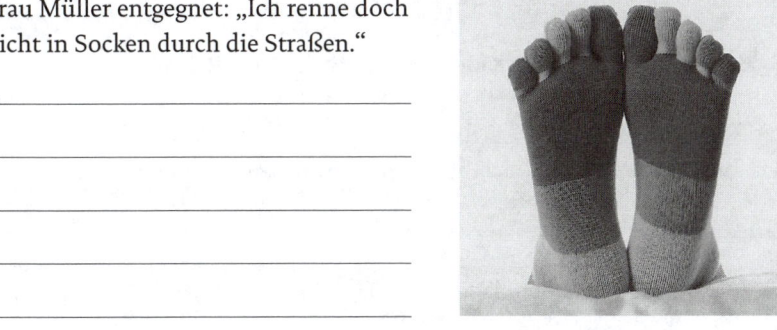

_____

_____

_____

_____

_____

g) Christoph bestätigt: „Das hat uns nicht geholfen."

_____

h) Benjamin wiederholt: „Das war ein schöner Ausflug."

_____

i) Er verspricht: „Die Mitgliedsbeiträge steigen nicht."

_____

j) Herr Ott kündigt an: „Im Februar schreiben wir den Test."

_____

k) Lisa fragt: „Habe ich einen Fehler gemacht?"

_____

l) Lisa fragt Hans: „Fährst du nach Würzburg?"

_____

m) Christine fragt Hans: „Wohin gehst du?"

_____

Aufgabe 35 Wandle folgende Äußerungen in direkter Rede in Redewiedergabe mit Infinitiv-konstruktionen um.

a) Benjamin wiederholt: „Ich gehe da nicht hin."

_____

b) Christine bestätigt: „Ich habe das Richtige gefunden."

_____

c) Herr Müller fordert die Kinder auf: „Gebt endlich Ruhe."

_____

d) Frau Thielsen erklärt: „Ich bin nicht gekommen, um mich zu langweilen."

_____

e) Martin beteuert: „Ich habe das nicht gemacht."

_____

fgabe 36 Gib folgende Wortbeiträge in indirekter Rede wieder. Leite die Äußerungen dabei mit präpositionalen Wendungen ein.

a) Herr Müller stellt fest: „Der Verein hat noch genügend Geld in der Kasse."

_____

_____

b) Jutta erklärt: „Diese Gattung kommt in der freien Wildbahn sehr selten vor."

_____

_____

c) Herr Klatt sagt: „Las Palmas ist eine sehr schöne Stadt."

_____

_____

d) Melanie erklärt: „Das kann so nicht laufen."

_____

_____

e) Der Angeklagte gesteht ein: „Ich habe den Diebstahl begangen."

_____

_____

Aufgabe 37 Petra Becker, Klassensprecherin der 8b, berichtet ihrer Klasse von einer Klassensprecherversammlung, die sie beeindruckt hat. Formuliere ihren Redebeitrag in ein kurzes Protokoll um, in dem du sachlich formulierst und alles Wertende weglässt. Du kannst dir in der Randspalte Notizen machen.

„Das war vielleicht heute etwas, das kann ich euch sagen. Wir haben einstimmig beschlossen, dieses Jahr ein Open-Air-Festival im Schulhof zu organisieren. Das wird eine Schau. Aber es war nicht so leicht, alle davon zu überzeugen. Viele maulten, weil es einen Batzen Geld kostet. Dann waren da noch Versicherungsfragen. Na ja, Bernd Schmitt, der Klassensprecher der 7a, wird das klären. Für die meisten war das Open-Air in Ordnung; dadurch wird unsere Schule mal ein bisschen lebendiger. Übrigens, zum Vertrauenslehrer wurde Herr Morlein gewählt, den haben wir schon mal gehabt. Außer Fred Maier von der 7c waren alle da. Der hatte es völlig vergessen.
Ziemlich viel Zeit haben wir mit der Frage vertan, ob wieder eine Schülerzeitung gemacht werden soll. Obwohl wir fast eine Stunde darüber gequatscht haben, sind wir zu keinem Ergebnis gekommen. Das nächste Mal soll noch einmal darüber gesprochen werden.“

3.2 Wie wird die Redewiedergabe abwechslungsreich?

Wenn du ein Protokoll schreibst, solltest du darauf achten, sachlich zu formulieren und persönliche Wertungen wegzulassen. Darüber hinaus solltest du möglichst **abwechslungsreiche Redeeinleitungen** verwenden. Folgende Redewendungen können dir dabei helfen:

Wortspeicher Redeeinleitungen

- Einleitend / Zu Beginn wies Herr Müller darauf hin …
- Als Erstes lasen wir den Text …
- Anschließend fasste er das Ergebnis an der Tafel zusammen,
  als Nächstes wurde mit einem Arbeitsblatt die Biografie des Autors erarbeitet,
  zum Schluss fasste er das Stundenergebnis zusammen.
- Die Klasse diskutierte …
- Im Gespräch kam die Klasse zum Ergebnis …
- Susi Liebermann hob hervor …
- Frau Müller griff den Einwand von Max auf und …
- Er verwies, entgegnete, verdeutlichte, ergänzte, fügte an, erklärte, erwiderte, wiederholte …
- Es wurde vorgeschlagen …
- Auf den Einwand … entgegnete Susi …
- Sie wendet weiter ein …

Aufgabe 38 Suche aus den Texten der Aufgaben 34–36 alle Redeeinleitungen heraus und überlege dir mindestens 15 neue (→ Heft).

Aufgabe 39 Setze in den folgenden Sätzen für *sagen* ein treffenderes Wort ein und forme den Satz in die indirekte Rede um (Anschluss abwechselnd mit *dass* und ohne *dass*).

a) Herr Müller sagt: „In einer Woche schreiben wir die Klassenarbeit."

_____

b) Herr Müller sagt: „Wir haben heute folgende Kommaregeln besprochen: …"

_____

c) Herr Ott sagt: „Deinen Argumenten kann ich nicht folgen."

_____

d) Herr Müller sagt: „Die Ausstellung findet im Medienraum statt."

_____

e) Herr Müller sagt: „Die Regeln der Zeichensetzung haben sich verändert."

_____

Aufgabe 40 Lies zunächst den folgenden Protokolltext. Formuliere dann das Thema der Stunde und die Tagesordnung. Verbessere anschließend den Text sprachlich, indem du so häufig wie möglich die indirekte Rede verwendest.

TOP 1:
Herr Müller erklärte, dass es drei Wege gibt, um Informationen im Gedächtnis zu speichern:
a) Lernen durch Hören,
b) Lernen durch Sehen,
c) Lernen durch Handeln.
Er erklärte, wie man praktisch vorgehen kann. Man soll sich selbst den Lernstoff veranschaulichen, z. B. durch Suchen nach Beispielen, Abbildungen oder Modellen, und man soll viele Lernkanäle verwenden. Aktiv sein kann z. B. darin bestehen, dass man im Text wesentliche Aussagen unterstreicht.

TOP 2:
Herr Müller erläuterte das Kurz- und Langzeitgedächtnis. Das Problem ist, den Lernstoff vom Kurz- ins Langzeitgedächtnis zu überführen. Man muss nach einigen Tagen, wenn die Vergessenskurve auf dem Tiefpunkt ist, wiederholen. Für die Lernplanung ist ein Lernplan nützlich. Bettina Büttner wendete ein, dass

man oft keine Zeit hat, um zu wiederholen. Darauf unterstrich Herr Müller, dass man den Lernstoff verteilen muss, da das Gedächtnis nur begrenzt aufnahmefähig ist. Er zog praktische Folgerungen:

a) Man muss den Lernstoff zeitlich verteilen.
b) Man muss Pausen während des Lernens machen, besonders wenn der Lernstoff ähnlich ist.

TOP 3:

Herr Müller wies darauf hin, dass zwei Dinge für das Lernen wichtig sind:
a) Zum einen die Konzentration, die wiederum abhängig ist von der Motivation.
b) Zum anderen die Stärke des Willens, mit dem etwas gelernt wird.

Stundenthema

_____

Tagesordnung

1. _____

2. _____

3. _____

ufgabe 41   Schreibe ein Protokoll über die Wandertags-Diskussion auf Seite 67/68 und nutze dabei die Möglichkeiten der Redewiedergabe.
Versuche, die einzelnen Redebeiträge auf das Wesentliche zu kürzen und knapp zu formulieren.

_____

_____

_____

_____

_____

_____

_____

4   Das Unterrichtsprotokoll

In der Schule ist das Unterrichtsprotokoll die häufigste Form des Protokolls. Deshalb kannst du im Folgenden diese Aufsatzart nochmals gesondert üben.

4.1   Die äußere Form des Unterrichtsprotokolls

Der **Protokollkopf** muss **übersichtlich** und **ordentlich** gestaltet sein, damit jemand, der das Protokoll liest, sich schnell einen Überblick über die wesentlichen Informationen zu der Veranstaltung verschaffen kann. Deshalb ist es besonders wichtig, dass du dich an die vorgegebene äußere Form hältst:

Erforderliche Angaben in einem Unterrichtsprotokoll

In einem Unterrichtsprotokoll musst du Folgendes nennen:

- die **Art** der Unterrichtsstunde,
- das **Datum**, den **Beginn** und das **Ende**,
- den **Ort** der Unterrichtsstunde,
- den **Lehrer**/die **Lehrerin**,
- **Anwesende** und **Abwesende** (in Klammern sollte in einem Stichwort der Grund angegeben sein, warum Letztere abwesend waren),
- den **Schriftführer**/die **Schriftführerin** sowie
- die **Tagesordnung** (Tagesordnungspunkt kürzt du mit TOP ab; du kannst **zusätzlich** das **Thema der Stunde** nennen).

Am Ende des Protokolls **unterschreibst** du selbst und auch dein Lehrer/deine Lehrerin.

✏ **TIPP:** Die **äußere Form** des Protokolls sollte so aussehen:

Protokoll

über die Deutschstunde der Klasse 8 a

am 14.11.20XX

Ort:	Klasse 8 a des Jack–Steinberger-Gymnasiums Bad Kissingen
Zeit:	7.55 – 8.40 Uhr
Anwesend:	28 Schüler der Klasse 8 a und Deutschlehrerin Frau Ahnert
Abwesend:	Claudia Müller (entschuldigt)
Leiterin:	Frau Ahnert
Protokollantin:	Sabine Schuster
Thema der Stunde:	Einführung in das Protokoll
Tagesordnung:	1. Die Notwendigkeit des Protokolls
	2. Das Wortprotokoll
	3. Das Ergebnisprotokoll
	4. Das Verlaufsprotokoll
	5. Tipps für das Mitschreiben

Zu TOP 1: ...

Zu TOP 2: ...

_____   _____

Sabine Schuster, Protokollantin   G. Ahnert, Deutschlehrerin

4.2 Der Inhalt des Unterrichtsprotokolls

Das Unterrichtsprotokoll ist eine **Mischung aus Verlaufs- und Ergebnis-protokoll**. Es wird neben dem Unterrichtsergebnis auch der Weg wieder-gegeben, wie man zu dem Ergebnis gekommen ist. Man nennt das Unterrichts-protokoll deswegen auch **erweitertes Ergebnisprotokoll**. Der folgende Merkkasten zeigt dir, worauf du beim Unterrichtsprotokoll besonders achten sollst:

Verfassen eines Unterrichtsprotokolls

Inhalt

- Formuliere, **wie** ihr zu den Unterrichtsergebnissen gekommen seid.
  Beispiel: In einer <u>Gruppenarbeit</u> werden folgende Vorschläge erarbeitet ...

- Du darfst im Protokoll nicht von der Klasse als *wir* sprechen. Formuliere folgendermaßen:
  Beispiel: Die Klasse kommt zu dem Ergebnis ...

- Nenne die **Namen** deiner Mitschüler*innen nur, wenn sie wichtige Beiträge liefern. Wenn du von dir sprichst, verwende deinen **vollständigen Namen**.

- Gib den Verlauf der Stunde **objektiv** wieder.

Sprache

- Formuliere im **Vorgangspassiv**, um zu vermeiden, dass in jedem Satz die handelnde Person genannt werden muss.
  Beispiel: Die Vorschläge werden gesammelt und an die Tafel geschrieben.

- Gib nicht den genauen Verlauf des Unterrichtsgesprächs wieder, sondern **fasse gleich-artige Meinungsäußerungen zusammen**.
  Beispiel: Mehrere Schüler äußerten, dass sie das Verhalten des Helden nicht verstehen.

- Du drückst die **Vorzeitigkeit**
  - durch das **Perfekt** aus, wenn du das Protokoll im **Präsens** verfasst.
    Beispiel: Nachdem Herr Opp eine Beispielaufgabe an der Tafel <u>vorgerechnet hat</u>, wird das Rechenverfahren an zwei Aufgaben eingeübt.
  - durch das **Plusquamperfekt**, wenn du das Protokoll im Präteritum verfasst.
    Beispiel: Nachdem Herr Opp eine Beispielaufgabe an der Tafel <u>vorgerechnet hatte</u>, wurde das Rechenverfahren an zwei Aufgaben eingeübt.

Aufgabe 42   Lies zunächst das folgende Protokoll 1. Formuliere dann das Thema der Stunde und die zugehörige Tagesordnung.

Protokoll 1

Zu TOP 1

Nach der Begrüßung gibt Frau Schneider bekannt, dass die nächste Schulaufgabe am 2. 12. 20XX geschrieben wird.

Zu TOP 2

Zuerst spielt Frau Schneider der Klasse eine Rezitation des „Zauberlehrlings" von Goethe vor und teilt anschließend den Text aus, damit sich die Klasse mit dem Inhalt vertraut macht.

In diesem Gedicht geht es um einen Zauberlehrling, der während der Abwesenheit seines Meisters versucht, sich die Arbeit durch Zauberei zu erleichtern. Dies misslingt, weil er das Zauberwort vergessen hat, das den Wasser holenden Besen stoppen kann, und er ihn auch nicht mit Gewalt daran hindern kann, das Haus zu überfluten. Erst der Meister, der soeben nach Hause kommt, kann den Besen zum Stillstand bringen.

Zu TOP 3

Frau Schneider informiert die Klasse, dass es sich bei Goethes „Zauberlehrling" um die besondere Gedichtform der Ballade handelt. Sie erläutert, dass der Begriff aus dem Französischen komme und die Ballade ursprünglich ein Tanzlied gewesen sei. Im Unterrichtsgespräch werden die Kennzeichen der Ballade erarbeitet und im Heft festgehalten: Die Ballade ist ein längeres Erzählgedicht mit einem erkennbaren zeitlichen Ablauf, in dem sich die Merkmale eines Gedichts (Reim), einer Erzählung (Geschehen) und eines Dramas (Konflikt) mischen.

Zu TOP 4

Die Klasse erhält mithilfe eines Arbeitsblatts die Aufgabe, in Stillarbeit das zentrale Problem sowie die zentrale Kernstelle, die Rahmenstruktur und den wesentlichen Stimmungswandel in der Ballade zu erarbeiten.
Im anschließenden Unterrichtsgespräch kommt die Klasse zu folgenden Ergebnissen: Das zentrale Problem des Zauberlehrlings ist der Besen, den er nicht stoppen kann; die zentrale Kernstelle ist der Hilferuf „Herr, die Not ist groß!

Die ich rief, die Geister, werd ich nun nicht los!"; die Anwesenheit des Meisters am Anfang und am Ende ist das Rahmenelement und der wesentliche Stimmungswandel ist der Wechsel von der anfänglichen Selbstzufriedenheit zur Panik, als der Zauberlehrling die Kontrolle über den Besen verliert.

In einem Tafelbild mit der Überschrift „Das Problem von Goethes Zauberlehrling" hält Frau Schneider die Vorher-Nachher-Situation fest. Aus den Einzelheiten wird geschlussfolgert, dass der Zauberlehrling anfangs die Kontrolle über den Besen hatte, sie später verlor und alle vorher guten Eigenschaften des Besens nun Schaden anrichten.

Zu TOP 5

Frau Schneider stellt der Klasse die Frage, inwieweit Parallelen zu dieser Geschichte in der heutigen Zeit zu finden sind. Die Klasse weist darauf hin, dass das Auto eine hervorragende Erfindung ist, aber in der Masse Schaden anrichtet, und dass die Gentechnik wesentliche Vorteile für den Menschen bringen, aber möglicherweise auch gefährlich werden kann. Die Klasse zieht das Fazit, dass die Aussage der Ballade auch heute noch aktuell ist.

Zu TOP 6

Als Hausaufgabe soll die Klasse einen kurzen Dialog zwischen dem Meister und dem Zauberlehrling schreiben, nachdem der Meister dem Besen Einhalt geboten hat.

Aufgabe 43 Lies nun Protokoll 2. Vergleiche es dann mit Protokoll 1 und benenne die sprachlichen und inhaltlichen Fehler im Protokoll 2. Du kannst dir in der Randspalte Notizen dazu machen.

Protokoll 2

Zu TOP 1

Am Anfang begrüßt Frau Schneider die Schüler der Klasse 7 b und als Nächstes wird von ihr angekündigt, dass die nächste Schulaufgabe am 2. 12. 20XX geschrieben wird.

Zu TOP 2

Nun hören wir eine Aufnahme der Ballade „Der Zauberlehrling" von Johann Wolfgang von Goethe. Der Sprecher trägt die Ballade schnell und lustig vor. Von Frau Schneider wird als Nächstes ein Arbeitsblatt ausgeteilt, auf dem der Text des „Zauberlehrlings" steht. Einige Schüler lesen darin herum, obwohl Frau Schneider es nicht verlangt hat.

Zu TOP 3

Es wird eine Folie gezeigt, auf der Frau Schneider die Merkmale einer Ballade, wie zum Beispiel, dass sie in Reimen geschrieben ist und dramatische Elemente enthält, festhält. Außerdem erklärt sie der Klasse, dass das Wort Ballade aus dem Französischen stammt und ursprünglich ein Trauertanz war. Die Schüler schreiben alles ins Heft. Abschließend wird noch erwähnt, dass die Ballade eine Mischform zwischen Drama und Erzählung ist.

Zu TOP 4

Die Schüler schauen sich jetzt die Ballade genauer an und besprechen mit der Lehrerin, dass der Zauberlehrling am Anfang mit sich selbst spricht, danach mit seinem Besen und zum Schluss mit dem Meister. Außerdem wird festgehalten, dass es am Anfang nur ein Besen war und zum Schluss zwei und dass es so gesprochen und geschrieben ist, dass man denken kann, es wären ganz viele Besen.

Daraufhin teilt Frau Schneider ein zweites Arbeitsblatt aus, auf dem Fragen wie „Inwiefern kann man bei dem Gedicht von einer Rahmenstruktur sprechen?" stehen. Zur Beantwortung der Fragen wird uns etwas Zeit gegeben.

Zu TOP 5

Jetzt malt Frau Schneider ein Tafelbild auf, in dem das Problem von Goethes „Zauberlehrling" festgehalten wird. Es wird die Sicht des Lehrlings in zwei Teile aufgeteilt, wie es am Anfang und zum Schluss war. Beispielsweise hatte der Lehrling am Anfang Kontrolle über seinen Besen, zum Schluss nicht mehr. Die Klasse schreibt wieder alles mit.

Zu TOP 6

Als Nächstes entsteht ein Unterrichtsgespräch über heutige Beispiele der Entwicklung der Ballade. Wie z. B. die Zigarettensucht, die man am Anfang unter Kontrolle hat und am Schluss nicht mehr.

Zu TOP 7

Zum Schluss erfahren wir mithilfe einer Folie, auf der der Zauberlehrling und sein Meister sind, die Hausaufgabe. Sie besteht darin, ein Gespräch zwischen den beiden aufzuschreiben.

Aufgabe 44   Schreibe ein Unterrichtsprotokoll über eine beliebige Schulstunde (→ Heft).

Aufgabe 45   Im Folgenden findest du eine wörtliche Mitschrift zu einer Unterrichtsstunde. Lass sie dir langsam und mit Pausen von jemandem vorlesen. Mache dir dabei Notizen und formuliere dann die Tagesordnung und ein Unterrichtsprotokoll.

HERR MÜLLER: Guten Morgen. Bittet lüftet kurz, es riecht ziemlich nach Arbeit. Ja, Markus?

MARKUS: Die Klasse würde gerne mit Ihnen über etwas Wichtiges sprechen.

HERR MÜLLER: Hat das nicht Zeit bis nächste Woche? Ich wollte noch einmal das Protokoll wiederholen, bevor wir die Schulaufgabe schreiben.

MARKUS: Nur 10 Minuten, es ist wichtig. Sie sind doch unser Klassenlehrer, mit wem sollen wir sonst über unsere Probleme sprechen?

HERR MÜLLER: Okay, 10 Minuten, aber nicht länger.

MARKUS: Wir haben ein Problem mit Frau Riester. Sie hat die Klasse nicht im Griff und ihr Französischunterricht lässt auch zu wünschen übrig. Sie sollte mehr Französisch sprechen und uns auch mehr selbst sprechen lassen. Wenn wir immer nur zuhören, bringt das nichts.

HERR MÜLLER: Habt ihr mit ihr schon darüber gesprochen?

MARKUS: Ja, aber es hat nicht viel gebracht. Wir haben sie gebeten, mehr Französisch zu sprechen; hat aber nur kurze Zeit was gebracht.

HERR MÜLLER: Nun ja, wenn es laut in der Klasse wird, hat ja nicht nur Frau Riester Schuld. Ihr seid alt genug, um zu wissen, dass ihr die Klappe halten sollt, wenn Unterricht ist. Und wenn ihr euch eifrig meldet, dann bekommt ihr mehr Sprechgelegenheiten. Aber wir lösen das Problem nicht heute. Ich werde mal mit Frau Riester sprechen und nach der Schulaufgabe gehen wir das Problem intensiver an. Jetzt aber schnell zum Protokoll. Franziska, forme bitte den folgenden Satz in die indirekte Rede um: Er sagt: „Wir haben den Zug nach Paris verpasst und wir müssen leider zwei Stunden auf den nächsten Zug warten."

FRANZISKA: Warum immer ich? Nehmen Sie doch auch mal die anderen dran.

HERR MÜLLER: Liebe Franziska, das ist eine sehr subjektive Einschätzung. Ich nehme an, du möchtest nicht in deinem morgendlichen Schönheitsschlaf gestört werden? Schenk uns bitte eine Minute und eine Antwort.

FRANZISKA: Na, wenn's nur eine Minute ist: Er sagte, dass sie den Zug verpasst haben und sie würden zwei Stunden auf den nächsten Zug warten müssen.

HERR MÜLLER: Ja, so ähnlich. Claudia, berichtige bitte den Satz.

CLAUDIA: Er sagte, dass sie den Zug verpasst hätten und sie zwei Stunden auf den nächsten Zug warten müssten.

HERR MÜLLER: Wo lagen die Fehler?

CLAUDIA: Normalerweise verwendet man für die indirekte Rede den Konjunktiv I. Wenn der Konjunktiv I sich aber nicht vom Indikativ unterscheidet, dann muss man den Konjunktiv II nehmen.

HERR MÜLLER: Gut, Claudia! Indirekte Rede ist immer ein Problem. Katja, teile bitte das Arbeitsblatt aus. Jeder bearbeitet das alleine. Ihr tauscht dann die Blätter mit dem Nachbarn aus und korrigiert euch gegenseitig. Wenn ihr unsicher seid, könnt ihr mich fragen.

…

HERR MÜLLER: Verflucht noch mal, warum geht denn der Projektor wieder nicht. Sven, was willst du denn?

Sven: Versuchen sie doch den Projektor noch einmal anzuschalten, nachdem sie den Stecker eingesteckt haben!

HERR MÜLLER: Lehrer und Technik! So, jetzt haben wir's. Ach ja, verkehrt rum. So, jetzt liegt sie richtig. Okay, schaut euch noch mal die Folie an. So soll der Protokollkopf gestaltet sein. Ich möchte da keine Fehler in der Schulaufgabe haben. Das hat nur was mit Lernen und nicht mit Denken zu tun. Das könnt ihr auch eurem Hausschimpansen beibringen. Dominik, fasse noch mal zusammen, welche Angaben wir im Protokollkopf finden.

DOMINIK: Im Protokollkopf finden wir folgende …

HERR MÜLLER: Warte mal, ich nehm sie mal weg, sonst ist das ja keine Aufgabe.

DOMINIK: Das ist aber unfair.

HERR MÜLLER: Ne, pädagogisch wertvoll.

DOMINIK: Also, Name der Veranstaltung, Datum, Beginn und Ende der Veranstaltung, Ort, Leiter, Anwesende und Abwesende, Schriftführer, Tagesordnung. Ich glaub, das war's.

HERR MÜLLER: Gut! Der Kopf soll sauber geschrieben sein. Was könnte man bei den Abwesenden noch vermerken?

CORINNA: Den Grund. Also zum Beispiel „erkrankt".

HERR MÜLLER: Richtig. Bitte stellt in Partnerarbeit eine Checkliste für das Protokoll zusammen. Redet leise miteinander und stört die anderen nicht.

…

HERR MÜLLER: Claudia, trag mal vor, was ihr zusammengestellt habt.

CLAUDIA: Wir haben es ja eben besprochen: Man muss überprüfen, ob alle Angaben im Protokollkopf gemacht wurden, dann muss man schauen, ob das Tempus einheitlich ist, also entweder Präsens oder Präteritum, dann muss man schauen, ob die Äußerungen abwechslungsreich wiedergegeben wurden und die indirekte Rede okay ist. Dann muss man schauen, ob das Protokoll so formuliert wurde, dass jemand, der nicht da war, weiß, worum es gegangen ist. Dann muss man schauen, ob alle Punkte richtig wiedergegeben worden sind. Man muss schauen, dass man gleichartige Äußerungen zusammenfasst, also, wenn Maria und Jacob den gleichen Scheiß erzählen, …

HERR MÜLLER: Claudia, das ist ein Beispiel für eine unsachliche Formulierung, die man unterlassen sollte, hier und im Protokoll.

CLAUDIA: Okay, war nur so dahingesagt. Also, gleichartige Äußerungen sollten zusammengefasst werden und zum Schluss muss man das Protokoll unterschreiben.

HERR MÜLLER: Gut, das Wesentliche habt ihr beschrieben. Und zur Krönung der Stunde wollen wir noch einmal wiederholen, welche Arten des Protokolls es gibt.

FLORIAN: Es gibt das Wortprotokoll. Das ist aber für uns uninteressant, denn unsere Worte sind nicht so wichtig, dass man sie genau der Nachwelt überliefern muss. Im Bundestag wird aber jeder Rülpser mitstenografiert.

HERR MÜLLER: Wenn ihr doch nur gepflegter reden könntet. Meine Ohren sind doch keine Müllkippe für euren Wortunflat. Meike, kannst du fortfahren?

MEIKE: Das Ergebnisprotokoll fasst knapp die wichtigsten Beiträge und Ergebnisse der Veranstaltung zusammen. Das Verlaufsprotokoll ist umfangreicher und hält den Verlauf der Veranstaltung fest. Das Unterrichtsprotokoll gibt die Unterrichtsergebnisse wieder und fasst zusammen, wie man zu diesem Ergebnis gekommen ist.

HERR MÜLLER: Gut. Das reicht für heute. Ich wünsche euch viel Erfolg bei der Schulaufgabe. Auf Wiedersehen, bis morgen.

Checkliste für das Protokoll

- Habe ich im **Protokollkopf** folgende **Angaben** gemacht?
  - Name der Veranstaltung
  - Datum, Beginn und Ende der Veranstaltung
  - Ort
  - Leiter/in
  - Anwesende/Abwesende (Grund)
  - Schriftführer/in
  - Tagesordnung
- Habe ich durchgängig entweder das **Präsens** oder das **Präteritum** verwendet?
- Habe ich die **Äußerungen** der Beteiligten mit folgenden Mitteln **abwechslungsreich** wiedergegeben?
  - Indirekte Rede mit Konjunktiv I
  - Indirekte Rede mit Indikativ
  - Infinitivkonstruktionen
  - Präpositionale Wendung als Redeeinleitung
- Habe ich bei der **indirekten Rede** darauf geachtet, dass ich **Konjunktiv I** sowie die Ersatzform **Konjunktiv II** korrekt verwende?
- Habe ich **abwechslungsreiche Redeeinleitungen** verwendet?
- Habe ich so **verständlich formuliert**, dass auch eine unbeteiligte Person den Sachverhalt erfassen kann?
- Habe ich alle Punkte **sachlich richtig wiedergegeben**?
- Habe ich **sachlich formuliert** und persönliche **Wertungen vermieden**?
- Kann ich **überflüssige Details weglassen**?
- Habe ich **gleichartige Äußerungen zusammengefasst**?
- Habe ich das Protokoll **unterschrieben**?

Argumentieren

Du bist wahrscheinlich erfahrener im Argumentieren, als du denkst. Immer wenn du deine Eltern, Geschwister oder Freunde von deiner Meinung überzeugen willst, dann argumentierst du. Das heißt, dass du deine **Meinung** oder deine **Wünsche begründest**.

1 Grundlagen einer Argumentation

Wenn du einen anderen Spielfilm im Fernsehen anschauen willst als der Rest der Familie, dann sagst du am besten nicht nur *„Ich will den Film nicht anschauen"*, sondern du versuchst deine Familie zu überzeugen, indem du deine Feststellung begründest: *„Ich will den Film nicht anschauen, weil ich ihn vor drei Wochen schon einmal gesehen habe."*

Du kannst deine Familie noch besser von deiner Meinung überzeugen, wenn du folgendermaßen formulierst: *„Ich will den Film nicht anschauen, weil ich ihn vor drei Wochen schon einmal gesehen habe und ihn furchtbar langweilig fand. Der Film hat keine spannende Handlung, in ihm wird nur spazieren gegangen und geredet. Das findet ihr bestimmt auch langweilig. Sehen wir uns doch lieber einen anderen Film an."*

Du hast eine zweite **Begründung** geliefert und diese **anhand eines Beispiels** kurz **erläutert**. Diese Begründungen nennt man auch **Argumente**. Du hast noch etwas Wichtiges gemacht: Dein erstes Argument hat nur für dich Gültigkeit, denn die anderen Familienmitglieder haben den Film noch nicht gesehen. Es wird sie daher nicht unbedingt umstimmen. Das zweite Argument kann sie aber überzeugen, den Film nicht anzusehen, da sich niemand langweilen will. Dieses Argument hat nicht nur für dich Gültigkeit, sondern auch für andere. Um sie noch einmal daran zu erinnern, worum es dir geht, sagst du zum Schluss, dass ihr lieber einen anderen Film anschauen sollt.

1.1 Wie baue ich eine Argumentation auf?

Um deine Meinung **überzeugend** darzustellen, kannst du dich an einer **festen Struktur** orientieren. Ein Argumentationsblock besteht aus **drei Teilen**, die du am besten folgendermaßen anordnest:

Aufbau einer Argumentation

- Du beginnst deine Argumentation mit einer **Behauptung (These)**.
- Diese These begründest du durch ein **Argument**.
  Das Argument sollte für möglichst viele Menschen überzeugend sein.
- Mit einem **Beispiel** kannst du das Argument veranschaulichen.
- Abschließend kannst du noch einmal den **Bezug** zur Behauptung herstellen.

Beispiel

Der Zuschauer oder die Zuschauerin kann sich durch das Fernsehen sehr gut informieren.

Behauptung (These)

Nachrichtensendungen, Magazine, Reportagen und Dokumentarfilme liefern eine Fülle von Wissenswertem zu jeder Zeit und für jedes Alter ins Haus.

Argument

Am frühen Nachmittag kann man zum Beispiel einen Dokumentarfilm über Zugvögel sehen, am späten Nachmittag begleitet man Bergsteiger in den Himalaya und am Abend lässt man sich darüber informieren, wie Sprache funktioniert. Wer dann noch nicht genug hat, kann um Mitternacht die Kunstschätze Südostasiens bewundern. Dass man rund um die Uhr durch Nachrichtensendungen über das aktuelle Geschehen informiert wird, kommt noch dazu.

Beispiel

Das ist aber nur eine kleine Auswahl der informativen Sendungen, die die Programme dem interessierten Publikum bieten.

Bezug

fgabe 46 Hier sind Behauptungen, Argumente und Thesen durcheinandergeraten. Ordne sie in der richtigen Reihenfolge.
Du kannst dir dazu Notizen am Rand machen.

• Bei der letzten Flutwelle in den Alpen wurden sofort Sondersendungen geschaltet und in den Nachrichten informierten Reporter aktuell aus den betroffenen Gebieten.

• Das Fernsehen ist im Gegensatz zur Zeitung ein sehr aktuelles Medium.

• Es kommen nämlich immer wieder Sendungen, in denen Wissenswertes gebracht wird, das man als Schüler oder Schülerin auch für die Schule nutzen kann.

• Man braucht nur den Blick auf das Programm eines Tages von *ARD alpha* zu werfen: Wer Italienisch lernt, kann die „Wochenschau in italienischer Sprache" sehen, und wer sich für Referate fit machen will, sieht die Sendung „Sprachkompetenz Rhetorik". Wer etwas über die Geschichte des alten Ägyptens wissen will, wird mit einer „Zeitreise zu den Pharaonen" bestens bedient.

• Denn problemlos kann das laufende Programm für Sondersendungen unterbrochen werden und Sender wie der Nachrichtenkanal *Phoenix* blenden Nachrichtenbänder mit den aktuellsten Meldungen in ihre Sendungen ein.

• Auch für die Schule kann man vom TV profitieren.

1.2 Wie finde ich Argumente?

Manchmal hast du das Problem, dass dir zu einem Thema nichts einfällt. Eine gute Hilfe sind dann die **W-Fragen**. Wenn du dich mithilfe dieser Fragen dem Thema näherst, findest du bestimmt Ideen für überzeugende Argumente:

Argumente zu einem Thema finden

• Schau dir das **Thema** genau an und mache dir klar, was es von dir **verlangt**.

• Schreibe dir **W-Fragen** zu deinem Thema auf.
  (Wer? Was? Wann? Wo? Warum? Wozu? Wodurch? Wem? Wessen? Wen? Wie?)

• Notiere die **Antworten** zu diesen Fragen.

• Überprüfe abschließend noch einmal, ob deine Argumente **überzeugend** sind.

Aufgabe 47   Im Folgenden findest du W-Fragen zu dem Thema: *Sollten Eltern ihrem min-derjährigen Kind erlauben, sich piercen zu lassen?* Versuche, diese Fragen zu beantworten.

a) **Welche Formen** des Piercings sollten Eltern nicht erlauben?

b) **Wem** sollten Eltern erlauben, sich piercen zu lassen?

c) **Aus welchen Gründen** soll-ten die Eltern Kindern erlau-ben, sich piercen zu lassen?

d) **Ab welchem Alter** sollten Eltern es ihrem Kind erlau-ben, sich piercen zu lassen?

e) **Wann** sollten Eltern es ihrem Kind erlauben, sich piercen zu lassen?

Aufgabe 48   Streiche in der folgenden Stoffsammlung zum Thema *Warum sollen Eltern ihrer 14-jährigen Tochter verbieten, eine Schönheitsoperation an sich vornehmen zu lassen?* diejenigen Formulierungen durch, die nicht überzeugend sind.

A   Der Körper einer 14-Jährigen ist oft noch nicht voll ausgereift; man sollte erst abwarten, bis sich der Körper voll entwickelt hat. Wenn z. B. die Brust nicht ausgewachsen ist, dann kommt es häufig zur Narbenbildung um das Implantat, sodass sich dadurch die Brust verhärtet und verformt. Außer-dem verwachsen sich manche der vermeintlichen Mängel noch, die man durch eine Schönheitsoperation beseitigen will.

B   Schönheitschirurgen verdienen viel Geld auf Kosten ihrer Patienten.

C   Schönheitsoperationen sind unnötig, egal ob es sich um eine 14-Jährige oder eine 40-Jährige handelt.

D   Man sollte zu seiner Hässlichkeit stehen.

E   Schönheitsoperationen sind für die Eltern einer 14-Jährigen zu teuer. Sie können mehrere tausend Euro kosten, die meist nicht von der Krankenkasse übernommen werden, sodass die Eltern sie aus der eigenen Tasche bezahlen müssen.

F   Man weiß mit 14 Jahren noch nicht, ob man später auf Freunde trifft, die einen großen bzw. kleinen Busen wollen.

G   Gefahren wie Infektionen, Blutungen, hässliche Narbenbildung und Narkose-risiken sind zu groß.

H Die Eltern haben auch keine Schönheitsoperation gebraucht, um durchs Leben zu kommen, weshalb sollte die Tochter dann eine Schönheitsoperation nötig haben?

I 14-Jährige sind mitten in der Pubertät. In der Pubertät ist die Unzufriedenheit mit dem eigenen Körper oft größer als in anderen Lebensphasen. Wenn sie etwas warten würden, würde die Zufriedenheit mit dem eigenen Körper wahrscheinlich wieder zunehmen.

J Nicht jeder Körper muss wie der eines Models aussehen; man sollte eine positive Einstellung zu seinem eigenen Körper entwickeln.

K Wer eine Schönheitsoperation will, dem würde eine psychotherapeutische Behandlung eher etwas nützen.

L In diesem Alter glauben viele, eine Schönheitsoperation stärke ihre Persönlichkeit und das Selbstbewusstsein, was aber nicht stimmt.

Aufgabe 49 Streiche in der folgenden Stoffsammlung zum Thema *Welche Vorteile hat es für die Klasse 8 b, noch einmal einen Skikurs zu machen?* diejenigen Stichworte durch, aus denen sich keine überzeugenden Argumente formulieren lassen.

A Schule muss die sportlichen Interessen der Schülerschaft vertreten

B Förderung der Klassengemeinschaft

C Letzte Möglichkeit für Klassenfahrt vor der 11. Klasse

D Chance für Kinder, deren Eltern nicht Ski fahren

E Ohne die Eltern zu verreisen, fördert die Selbstständigkeit

F Neue Freundschaften schließen

G 90 % der Schüler sind dafür

H Bereicherung durch Wissen über andere Länder

I Verbesserung des Verhältnisses Lehrer – Schüler

J Erholung durch Luftveränderung

K Man kann etwas lernen

L Risiko der Verletzung besteht, aber es sind Einzelfälle

M Spaß

N Gesellschaft

O Die Kosten sind nicht so hoch wie bei privat organisierten Skiferien

P Kein Schulstress

Q Aufgrund der Erholung danach mehr Ruhe in der Klasse

R Körperliche Betätigung gut für die Gesundheit

S Überbrückt die Zeit von den einen zu den anderen Ferien besser

1.3 Wie verbinde ich die These und das Argument?

These und Argument stehen in einem bestimmten **logischen Verhältnis** zueinander. Um dies auch **sprachlich deutlich** zu **machen**, verwendest du Konjunktionen und andere Formulierungen:

Verbindungsmöglichkeiten von These und Argument
- Die einfachste Form, These und Argument miteinander zu verbinden, ist die Verwendung der **Konjunktionen** *da* oder *weil*.
  Beispiel: Am Dienstag ist der Unterricht abwechslungsreicher als an den anderen Tagen, **weil** wir zwei Stunden Sport haben.
- Achte darauf, These und Argument **auf unterschiedliche Arten** zu verbinden.
  Beispiel: Am Dienstag ist der Unterricht abwechslungsreicher als an anderen Tagen. Der Grund dafür ist, dass wir zwei Stunden Sport haben.
  Am Dienstag ist der Unterricht abwechslungsreicher als an anderen Tagen. Das liegt daran, dass wir zwei Stunden Sport haben.

✎ **TIPP:** Es ist wichtig, dass du auf das **logische Verhältnis** in deiner Argumentation achtest. Im folgenden Beispiel wird etwa zuerst eine Tatsache festgestellt und dann der Grund dafür angegeben.
Beispiel: Am Dienstag ist der Unterricht abwechslungsreicher als an anderen Tagen, da wir an diesem Tag Sport haben.

Aufgabe 50 Überlege dir für folgende Behauptungen/Thesen jeweils ein Argument. Achte dabei auf das logische Verhältnis.

a) Ein Urlaub im Süden ist schöner als ein Urlaub im Norden,

 weil _____

b) Castingshows sind entwürdigend für die Teilnehmenden,

 weil _____

c) Peter spielt gut Geige,

 da _____

d) Alcopops verlocken zum Trinken,

 da _____

e) Teenie-Schwangerschaften nehmen zu,

 da _____

Aufgabe 51 Ersetze in den Sätzen der Aufgabe 50 die Konjunktionen *da* und *weil* durch andere Konjunktionen und Formulierungen (→ Heft).

Aufgabe 52 Füge im Folgenden die zwei vorgegebenen Sätze jeweils so zusammen, dass Ursache und Folge deutlich werden.

a) Mein Freund Moritz ist in einer Castingshow aufgetreten. –
   Er wird von den Leuten auf der Straße angesprochen.

   _____

   _____

   _____

b) Mona will Sängerin werden. –
   Sie hat sich bei einer Castingshow beworben.

   _____

   _____

   _____

c) Mona hat eine piepsige Stimme. –
   Sie fällt schon bei der Vorauswahl durch.

   _____

   _____

d) In Castingshows singen manche Sänger miserabel. –
   Sie machen sich lächerlich.

   _____

   _____

   _____

e) In Castingshows gebildete Gruppen fallen oft schnell auseinander. –
   Die Gruppenmitglieder starten Solokarrieren.

   _____

   _____

   _____

1.4 Wie veranschauliche ich meine Argumente?

Eine Argumentation besteht mindestens aus einer These und einem Argument. Um den Leser oder die Leserin aber richtig zu überzeugen und die Argumentation interessant zu gestalten, benötigt man zudem **Beispiele**, die die angeführten Argumente illustrieren. Folgende Punkte solltest du dabei beachten:

Argumente durch Beispiele veranschaulichen

- Formuliere nicht zu allgemein, denn dann wirken deine Beispiele nicht überzeugend. Du musst **konkrete Beispiele** verwenden.
  Beispiel: Ein Blick in die Programmzeitschrift zeigt die Fülle der Sendungen, deren Themen vom Leben der Biber bis zur Entstehung des Sonnensystems gehen.

- Die Beispiele sollten **für alle Lesenden** leicht **nachvollziehbar** sein.
  Beispiel: Je langsamer ein Auto fährt, desto weniger Benzin verbraucht es und desto weniger schädliche Abgase werden in die Luft geblasen, was besonders in einem Wohngebiet ein großer Vorteil ist.

Aufgabe 53   Im Folgenden findest du Argumente und stichpunktartige Beispiele dazu. Formuliere diese aus.

a) Computerspiele sind auch für die berufliche Zukunft nützlich, da sie technische Fertigkeiten fördern.
   (spielerischer Umgang mit Technik; Fehlersuche und -behebung)

_____

_____

_____

b) Computerspiele sind nützlich, weil sie den Geist und die Geschicklichkeit trainieren.
   (Rennspiele: Reaktion; Strategiespiele: strategisches Denken; Rollenspiele: Kreativität)

_____

_____

_____

c) Online-Computerspiele fördern die Kommunikation und Zusammenarbeit mit anderen Menschen.
(Kontakt mit Spielenden auf der ganzen Welt; Teamfähigkeit)

_____

_____

_____

fgabe 54 In den folgenden Sätzen findest du Argumente, zu denen du selbst Beispiele finden sollst. Formuliere in ganzen Sätzen.

a) Es ist nützlich für einen Schüler/eine Schülerin, sich einen Computer anzuschaffen, da man später im Beruf oft mit dem PC arbeiten muss.

_____

_____

_____

b) Es ist nützlich für einen Schüler/eine Schülerin, sich einen Computer anzuschaffen, weil man damit die Hausaufgaben schneller erledigen kann.

_____

_____

_____

c) Es ist nicht nützlich für einen Schüler/eine Schülerin, sich einen Computer anzuschaffen, da Computerspiele von den Hausaufgaben ablenken können.

_____

_____

_____

d) Es ist nicht nützlich für einen Schüler/eine Schülerin, sich einen Computer anzuschaffen, da die Arbeit am Computer gesundheitsschädlich sein kann.

_____

_____

_____

2 Die begründete Stellungnahme

Es gibt verschiedene Aufsatzformen, in denen du argumentieren musst. Die einfachste Aufsatzform in diesem Bereich ist die begründete Stellungnahme. Hier wird zu einem Thema ein **persönlicher Standpunkt** dargelegt. Dieser Standpunkt soll für den Adressaten **überzeugend belegt** werden.

Am Anfang der begründeten Stellungnahme steht immer eine **Einleitung**, die zum Thema hinführt und an deren Ende das Problem oder die Frage steht, um die es im **Hauptteil** geht. Jeder Aufsatz hat auch einen **Schluss**. Am Schluss kannst du alle Argumente kurz zusammenfassen und so ein Fazit ziehen. Manchmal kannst du auch eine Empfehlung geben oder eine Folgerung aus dem ziehen, was du oben gesagt hast. Im Folgenden findest du wichtige Hinweise zum Aufbau einer begründeten Stellungnahme:

Verfassen einer begründeten Stellungnahme

Inhalt
- Achte darauf, dass deine Argumente zum **Thema** passen.
- Argumentiere **sachlich** und **logisch**.
- Achte beim Argumentieren auf die „**drei Bs**": **B**ehauptung, **B**egründung, **B**eispiel
- Behalte immer im Auge, welchen **Adressaten** du überzeugen willst. Wähle die Argumente, von denen du meinst, dass sie den Adressaten am meisten überzeugen.

Aufbau
- **Gliedere** deine begründete Stellungnahme nach folgendem Schema:
  A) **Einleitung:** Bedeutung des Themas / Schreibanlass
  B) **Hauptteil:** Thema erneut nennen
     1. Argumentationsblock
     2. Argumentationsblock usw.
  C) **Schluss:** Zusammenfassung / Folgerung
- Ordne die Argumentationsblöcke **nach der Wichtigkeit** an: Stelle das **überzeugendste Argument an den Schluss**, weil die Lesenden sich am besten merken, was sie zuletzt gelesen haben. Das schwächste Argument stellst du an den Beginn des Hauptteils.
- Die einzelnen Teile deines Aufsatzes sollten durch **Absätze** optisch voneinander getrennt werden: Nach jedem Argumentationsblock machst du einen Absatz.

✦ **TIPP:** Manchmal wird die begründete Stellungnahme in Form eines **Briefs** geschrieben. In diesem Fall ist es besonders wichtig, **auf den Adressaten einzugehen**. Du solltest die empfangende Person in Einleitung und Schluss ansprechen.

2.1 Wie strukturiere ich eine begründete Stellungnahme?

Einfach loszuschreiben, wenn ein Aufsatz von dir verlangt wird, ist nie sinnvoll. Deswegen sollte der erste Schritt stets sein, alle **möglichen Argumente**
in einer **Stoffsammlung** zu notieren. Der nächste Schritt ist dann, die Stoffsammlung zu **sortieren**. Hier solltest du überlegen, was inhaltlich zusammen-
gehört und welche Reihenfolge der Argumente am sinnvollsten ist. Mit dieser
vorbereitenden Arbeit sind wichtige Grundsteine für eine schlüssige begründete Stellungnahme gelegt:

Strukturieren einer begründeten Stellungnahme

- Erstelle eine **Stoffsammlung** und ordne sie. Hierzu kannst du grafische Elemente,
  wie z. B. Kreise oder Vierecke, für zusammengehörende Argumente verwenden.
- Mach dir einen **Schreibplan**, in dem du die Reihenfolge der Argumente festlegst.
  Für jedes Argument musst du eine **kurze stichwortartige Wendung** finden.

Aufgabe 55 Überlege dir, welche Stichpunkte dieser Stoffsammlung man zu einem
Argument zusammenfassen kann.

A Handyverbot nutzlos, da nicht kontrollierbar

B Ungleichbehandlung: Lehrlinge dürfen Handys während
der Arbeit benutzen, Schüler im gleichen Alter nicht

C Warum soll man als Schüler nicht während der Pausen
telefonieren oder Nachrichten schreiben dürfen, wenn
es allen anderen Leuten erlaubt ist?

D Mit 17 schon Auto fahren, aber im gleichen Alter
in der Schule kein Handy benutzen: verantwortungsvoller Umgang muss gelernt werden

E Verbot nur wegen Minderheit, die Gewaltvideos
austauscht; machen außerhalb der Schule weiter;
man bekommt dadurch Problem nicht in den Griff

F Handy notwendig: wenn früher Unterrichtsschluss, Abholen organisieren

G Spiele für Freistunden auf dem Handy

H Kann sich in der Pause mit Freunden für den Nachmittag verabreden

I Missbrauch von Handys kann dadurch nicht verhindert werden

J Erwachsene trauen Jugendlichen nicht den verantwortungsvollen Umgang
mit dem Handy zu

K Handy für viele Terminkalender; Verbot in der Schule kontraproduktiv

L Für einige Schüler Handy Ersatz für Armbanduhr

M Handy mehr als ein Telefon: Zusatzfunktionen in der Schule nicht nutzbar

N Handyverbot schränkt Freiheit der Schüler ein

O Wenn man krank wird, schnelle Information an die Eltern

P Schnelle Organisation von Terminen mit Freunden

Q Handy zum Musikhören in den Pausen und Freistunden

R Handys zur Kommunikation mit Eltern und Freunden unerlässlich

Aufgabe 56 Überlege dir für jedes Argument aus Aufgabe 55 eine stichwortartige Wendung, die die Aussage knapp zusammenfasst. Ordne die Argumente dann nach ihrer Wichtigkeit an und stelle das wichtigste Argument an den Schluss.

Aufgabe 57 Zeichne im folgenden Text die Absätze ein und gliedere ihn nach dem Schema, das du auf S. 98 gelernt hast. Fasse den Inhalt der einzelnen Abschnitte des Hauptteils in Stichpunkten zusammen.
Dafür kannst du den Rand nutzen.

So schön Ferien sind, so ärgerlich kann die Zeit davor sein. Denn in manchen Familien entbrennt ein heftiger Streit darüber, ob die Kinder mit den Eltern in die Ferien fahren oder ob die Kinder lieber allein mit anderen Jugendlichen verreisen sollen. Was spricht denn dafür, bereits in der 8. Klasse die Ferien ohne Eltern zu verbringen? Ohne die Eltern in die Ferien zu fahren, macht einfach mehr Spaß, weil man mit Gleichaltrigen zusammen ist, die man bei einem Urlaub mit den Eltern überhaupt nicht kennenlernen würde. Bei vielen organisierten Reisen ist das Programm speziell auf die Bedürfnisse von Jugendlichen zugeschnitten. Statt mit den Eltern im Strandkorb zu sitzen, macht man ein Beach-Volleyball-Turnier oder tanzt abends in der Strand-Disco. Für Reitbegeisterte gibt es zum Beispiel Ferien auf einem Ponyhof, was sicherlich mehr Spaß macht, als mit den Eltern durchs Allgäu zu wandern. Ein weiteres Argument, das dafür spricht, ohne die Eltern in die Ferien zu fahren, ist die Geldersparnis.

Eltern lieben den Komfort, das bequeme Bett, die ruhige
Lage, das gute Essen. Jugendliche sind da weniger
anspruchsvoll. Das 5-Bett-Zimmer tut es auch, und wenn
es etwas lauter ist, macht das nicht viel, man geht ja selbst
spät ins Bett und ist manchmal etwas lauter. Solche Quartiere sind natürlich billiger als die, die man bei einem Urlaub mit den Eltern buchen würde. Ein wichtiger Grund,
ohne die Eltern zu verreisen, ist aber auch, dass die Selbstständigkeit gefördert wird. Wenn die Kinder sich ohne
den elterlichen Schutz in einer Gruppe von Gleichaltrigen
durchsetzen müssen, lernen sie, sich selbst zu behaupten
und auf eigenen Füßen zu stehen. Für die Eltern selbst gibt
es auch einen wichtigen Grund, ihre Sprösslinge alleine
verreisen zu lassen: Sie erholen sich besser. Unbehindert
durch die Kinder können sie tun, was sie wollen, und
müssen nicht dauernd Rücksicht auf deren Bedürfnisse
nehmen. Wenn dann beide, Eltern und Kinder, aus ihren
Ferien kommen, fällt beiden das Zusammenleben wieder
leichter, denn sie sind gut erholt, weil sie die Ferien getrennt verbracht haben.

2.2 Wie schreibe ich eine Einleitung?

Eine begründete Stellungnahme hat immer eine **Einleitung**, die zum Thema hinführt und an deren Ende das **Problem bzw.** die **Frage** steht, um die es im Hauptteil geht.

Beispiel 1

Einleitung zum Thema *Schreibe einen Artikel für die Schülerzeitung mit dem Titel „Skikurse sollten ein fester Bestandteil des Schullebens sein"*:

Die Alpen sind mittlerweile von einem Netz von Skipisten überzogen und im Sommer sieht man, was das Skifahren im Winter anrichtet: zerstörte Natur. Angesichts der zerstörten Natur fragen sich viele Menschen, warum an unserer Schule überhaupt noch Skikurse durchgeführt werden. Ich selbst bin davon überzeugt, dass Skikurse ein wichtiger Teil des Schullebens sind. Sie haben natürlich, wie alles in der Welt, Nachteile, aber es spricht auch sehr viel für sie.

Schreibanlass

Manche Themenstellung fordert, dass du deine Meinung in einem **Brief** formulierst. Zum Brief gehört natürlich die passende **Anrede**. Außerdem solltest du am Anfang des Briefes darauf eingehen, warum du den Brief schreibst, also auf den **Anlass**.

Beispiel 2 Einleitung zum Thema *Schreibe einen Brief an den Direktor deiner Schule, in dem du begründest, warum in der 8. Klasse weiter Skikurse durchgeführt werden sollen*:

> Sehr geehrter Herr Oberstudiendirektor! *Anrede*
>
> Ich habe gehört, dass man in der Lehrerkonferenz darüber *Schreibanlass*
> diskutiert hat, die Skikurse in der 8. Klasse abzuschaffen,
> weil besonders in den Alpen durch die Masse der Ski-
> fahrer sehr viel Natur zerstört wird. Meiner Meinung nach
> sollten die Skikurse beibehalten werden, da sie viele Vor-
> teile für die Schule und den einzelnen Schüler haben.

Beispiel 3 Einleitung zum Thema *Eure Klasse war letztes Jahr im Skilager. Euch hat es dort gut gefallen und ihr würdet gerne dieses Jahr wieder fahren. Deine Klasse hat dich beauftragt, dem Schulleiter einen Brief zu schreiben, in dem du ihn von der Nützlichkeit eines weiteren Skikurses zu überzeugen versuchst*:

> Sehr geehrter Herr Huber, *Anrede*
>
> ich wende mich in einer für unsere Klasse sehr wichtigen *Hinweis auf die Wichtig-*
> Angelegenheit an Sie. Unsere Klasse war letztes Jahr eine *keit des Anliegens*
> Woche auf Skikurs. Für alle war es ein Erlebnis und sie *Bedeutung des Skikurses*
> haben viel gelernt. Wir würden gerne auch in diesem *für die Schülerinnen und*
> Schuljahr ins Skilager fahren. *Schüler*
> Dass ein Skikurs viel Spaß macht, ist sicher ein *Überleitung zum*
> Argument, das für uns zählt. Es gibt aber auch aus Sicht *Hauptteil*
> der Schule einige Gründe, die dafür sprechen, uns dieses
> Jahr noch einmal auf Skikurs fahren zu lassen.

Aufgabe 58 Formuliere eine Einleitung zu folgendem Thema:
Schreibe einen Brief an Frau Müller, in dem du auf ihren Leserbrief in der Zeitung reagierst. Darin hat sie es begrüßt, dass der Gebrauch von Handys in den Schulen verboten ist.

2.3 Wie formuliere ich einen Schluss?

Jeder Aufsatz hat auch einen **Schluss**. Bei einem argumentierenden Text bietet es sich an, im Schluss die genannten Argumente nochmals kurz zusammenzufassen, also ein **Fazit** zu ziehen. Du kannst auch erneut auf das wichtigste deiner Argumente aufmerksam machen. Manchmal kannst du eine **Empfehlung** geben oder eine **Folgerung** aus dem vorher Gesagten ziehen.

Beispiel 1

... Skifahren ist nun einmal ein sehr schöner und auch gesunder Sport. Deshalb sollte die Schule besonders Jugendlichen, die sonst nie die Möglichkeit hätten, Skifahren zu lernen, diese Chance gönnen, indem sie Schulskikurse anbietet. Während dieser Skikurse sollte aber durch ein Referat am Abend auf den verantwortungsvollen Umgang mit der Natur hingewiesen werden.

Zusammenfassung der Argumente, Bezug auf den Schreibanlass

Folgerung

Beispiel 2

... Besonders das letzte Argument finden wir sehr wichtig. Wir wissen, dass nicht alle Lehrkräfte von der Notwendigkeit eines zweiten Skikurses überzeugt sind. Sie haben aber für uns Schülerinnen und Schüler immer ein offenes Ohr gehabt und wir sind Ihnen dankbar dafür. Wir meinen, dass unsere Argumente überzeugend sind, und hoffen auf eine positive Antwort.

Hinweis auf das wichtigste Argument

Wendung zum Adressaten

Aufgabe 59

Verfasse einen Schluss zum Thema aus Aufgabe 58:
Schreibe einen Brief an Frau Müller, in dem du auf ihren Leserbrief in der Zeitung reagierst. Darin hat sie es begrüßt, dass der Gebrauch von Handys in den Schulen verboten ist.

2.4 Wie verknüpfe ich die einzelnen Argumentationsblöcke?

Um dem Leser oder der Leserin die Logik der Argumentation deutlich zu machen, müssen die einzelnen Sätze **sinnvoll** miteinander **verknüpft** werden. Nur durch die Verknüpfungen wird ein Text ein geschlossenes, zusammenhängendes Ganzes. Damit sich der Leser oder die Leserin noch besser in einem Text zurechtfindet, musst du zusätzlich signalisieren, wann ein neues Argument beginnt. Dies erleichterst du durch **Absätze** im Text:

Methoden zur Verknüpfung von Argumenten

- **Satzverknüpfende Ausdrücke** signalisieren dem Leser bzw. der Leserin den logischen Aufbau deiner Argumentation.

  Beispiel: <u>Ein weiteres Argument</u> dafür, sich einen Roller anzuschaffen, ist, dass man unabhängiger von den Eltern wird. <u>Dagegen</u> spricht, dass die Verletzungsgefahr größer ist als beim Fahrrad. <u>Allerdings</u> kommt es auch beim Fahrradfahren zu Unfällen.

- Durch **Absätze** signalisierst du, wann ein neues Argument beginnt. So machst du auf den ersten Blick die **Gliederung** des Textes deutlich.

Aufgabe 60 Markiere im folgenden Text alle satzverknüpfenden Ausdrücke.

Ein weiterer Nachteil des Rollerfahrens ist, dass man sich körperlich nicht anstrengen muss. Dagegen hält die tägliche Fahrt mit dem Fahrrad zur Schule fit. Je fitter man ist, desto leistungsfähiger ist man auch in der Schule. Allerdings trifft dieses Argument nur zu, wenn der Schulweg nicht zu weit ist, denn nach 20 Kilometern Fahrradfahren kommt man erschöpft in der Schule an.

Im Übrigen sollte man nicht vergessen, dass Unfälle mit dem Roller meist gefährlicher als Fahrradunfälle sind, da der Roller schneller fährt. Auch wenn Rollerfahrer einen Helm tragen, sind die Verletzungen oft schwerer als bei einem Fahrradunfall.

Dazu kommt, dass man nicht nur seine eigene Gesundheit gefährdet, sondern auch die seiner Mitmenschen. Der Schadstoffausstoß eines Rollermotors ist zwar nur gering, aber auch er belastet die Umwelt und gefährdet letztendlich die Gesundheit aller.

Aus allen diesen Gründen fahre ich lieber Fahrrad und bleibe gesund und fit.

Aufgabe 61   Im Folgenden siehst du eine E-Mail an eine Freundin, in der Julia begründet,
warum sie sich für eine Castingshow beworben hat.
Teile die E-Mail in Einleitung, Hauptteil und Schluss ein und benenne am Rand
die einzelnen Elemente.

Hallo Jenny,

ich hab's gemacht! Ich habe mich beworben. In vier Wochen ist das erste Casting in München im Hotel Brabant.
Meinen Eltern muss ich es noch beibringen. Sie werden es
hoffentlich akzeptieren. Ich weiß, du hättest mir das nicht
zugetraut, weil ich sonst eher zurückhaltend bin. Aber ich
möchte lernen, mutiger zu werden, und deswegen habe
ich mich beworben. Ich kann nicht immer nur in der vierten Reihe stehen, ich muss auch mal zeigen, dass ich in
der ersten Reihe stehen kann. Auch wenn ich nicht genommen werde, ist es für mich trotzdem ein Erfolg, weil
ich den Mut gehabt habe, mich alleine vor die Jury zu
stellen und zu singen. Das wird mein Selbstbewusstsein
stärken. Es ist für mich schon ein Erfolg, an dem Vorcasting teilzunehmen, aber ich würde natürlich doch gerne weiterkommen. Du weißt, dass es mein Traum ist, Sängerin zu werden, auch wenn es vielleicht nur zur Chorsängerin in einem Musical reicht. Aber wenn ich ehrlich
bin, würde ich mich schon gerne in einem Videoclip im
Fernsehen oder im Internet sehen. Ich glaube, dass ich
keine schlechten Chancen habe. Das gibt mir auch das
Selbstvertrauen, mitzumachen. Die zwei Jahre mit dir in
der Modern-Dancing-Group in der Schule haben viel gebracht. Ich habe mir schon eine Choreografie für meinen
Auftritt ausgedacht. Am Montag werde ich sie dir vortanzen. Ich bin gespannt, was du dazu sagst. Einige Schritte
habe ich aus unserer Choreografie für das letzte Schulfest
übernommen. Ich werde eine bessere Figur machen als
die, die ich bisher bei „Deutschland sucht den Superstar"
gesehen habe. Auch das Singen könnte gut klappen, sodass
ich gute Chancen habe, weiterzukommen. Beim Sommerkonzert waren alle begeistert, als ich das kleine Solo im
Chor gesungen habe, und sie haben mir hinterher zu meiner rockigen Stimme gratuliert. Sogar der Mathe-Müller

war begeistert, obwohl der sonst nur bei Klassik wegschmilzt. Wenn ich ehrlich bin, dann macht es mir einfach
Spaß, vor Publikum zu singen, auch wenn ich vorher
immer eine Heidenangst habe. Aber Lampenfieber gehört
dazu. Wenn ich länger im Showbusiness sein werde, dann
verschwindet es vielleicht und der Spaßfaktor bleibt.
Kannst du mir einen Tipp geben, welchen Song ich singen
soll? Ich wollte „Killing me softly" von den Fugees singen
oder weißt du etwas Besseres?

Bis Montag dann,

Julia

2.5 Wie überarbeite ich meinen Text?

Wie du vorgehst, um deine begründete Stellungnahme zu überarbeiten, kannst
du nochmals im Kapitel „Arbeitstechniken Deutsch" (S. 15) nachlesen.

Aufgabe 62 Lies folgenden Aufsatz zum Thema: *Schreibe einen Brief an deine Großeltern, in*
dem du sie bittest, dir einen Zuschuss zum Kauf eines Rollers zu geben.
Überprüfe anhand des bisher Gelernten, ob alle Anforderungen an eine
begründete Stellungnahme erfüllt sind. Du kannst wieder den Rand nutzen,
um dir Notizen zu machen.

Liebe Oma, lieber Opa,

Mutti hat mir gesagt, dass Ihr bei ihr nachgefragt habt,
was ich mir zum Geburtstag wünsche. Ich habe dieses
Jahr einen größeren Wunsch, zu dem alle etwas bei-
steuern können: Ich will mir einen Roller kaufen, weil
das für mich gerade jetzt sehr vorteilhaft wäre.
Wie Ihr sicher wisst, kann ich mit 16 Jahren einen
Roller fahren. Es wäre optimal, wenn ich mir jetzt einen
Roller kaufen würde. In zwei Jahren kann ich dann
den Autoführerschein machen und durch das Rollerfah-
ren könnte ich schon lernen, mich sicher im Straßen-
verkehr zu bewegen. Dass ich für den Rollerführerschein
die Verkehrszeichen und die Verkehrsregeln lernen muss,
wäre ein weiterer Vorteil.

Positiv ist für mich, dass die schlechte Busverbindung von Schwebheim aus für mich kein Problem mehr wäre. Der wichtigste Grund, der auch für meine Eltern etwas Positives bringt, ist, dass ich in Zukunft unabhängiger von ihnen wäre. Es kommt in der letzten Zeit öfter vor, dass ich am Abend gerne noch zu einer Freundin gehen würde oder am Wochenende auch einmal eine Party oder eine andere Veranstaltung besuchen möchte. Meine Eltern müssten mich dann immer mit dem Auto fahren, was sich manchmal mit ihren eigenen Terminen überschneidet und ihnen lästig ist. Mit einem eigenen Roller ist uns allen sicherlich geholfen. Wir gehen unerfreulichen Diskussionen und Streitereien aus dem Weg und Ihr könnt immer mit einer gut gelaunten Tochter telefonieren.

Melanie

Aufgabe 63   Verfasse eine begründete Stellungnahme zu folgendem Thema:
Dein Freund bzw. deine Freundin hat dich kritisiert, dass du immer nach der neuesten Mode gekleidet bist. Schreibe ihm bzw. ihr eine E-Mail, in der du dich verteidigst.

Checkliste für die begründete Stellungnahme

- Hat mein Aufsatz eine **Einleitung**, die zum Thema hinführt?
- Steht am Ende der Einleitung die **Frage**, um die es in dem Aufsatz geht?
- Sind meine Argumente für den Leser bzw. die Leserin **überzeugend**?
- Habe ich These und Argumente **abwechslungsreich** miteinander **verknüpft**?
- Habe ich die Argumente durch **Beispiele** veranschaulicht?
- Stelle ich im Aufsatz immer wieder den **Bezug** zu meiner Behauptung her?
- Habe ich die einzelnen Argumente durch **satzverknüpfende Ausdrücke** miteinander verbunden?
- Habe ich die einzelnen Argumente durch **Absätze** optisch voneinander abgehoben?
- Habe ich mein **wichtigstes Argument** an den Schluss gestellt?
- Hat mein Aufsatz einen **Schluss**, der zusammenfasst bzw. eine Forderung oder eine Empfehlung ausspricht?

3 Die Erörterung

Die Erörterung unterscheidet sich von der begründeten Stellungnahme dadurch, dass **keine bestimmte Person angesprochen** wird und dass ein Problem **sachlich und objektiv** erörtert werden soll. Die Themen dieser Aufsatzart sind meist anspruchsvoller und werden nicht der direkten Erfahrungswelt (wie Familie oder Schule) entnommen. Wenn du eine Erörterung schreiben sollst, kannst du dich an folgenden grundlegenden Hinweisen orientieren:

Verfassen einer Erörterung

Stoffsammlung

- Erschließe das Thema mithilfe der **W-Fragen**.
- **Prüfe** deine Argumente auf ihre **Überzeugungskraft**.

Aufbau

- Du baust deine **Argumentation** nach folgendem Schema auf:
  - **Behauptung** (These),
  - **Argument** (Begründung),
  - **Beispiel** zur Veranschaulichung des Arguments.
  - Zum Schluss kannst du noch einmal den **Bezug zur Behauptung** herstellen.
- **Beispiele** und **Belege** veranschaulichen deine Argumentation und überzeugen die Leser.
- Du musst deine Erörterung **sinnvoll gliedern** (Einleitung, Hauptteil, Schluss).
- Im Hauptteil werden die einzelnen Argumente **steigernd** angeordnet. Die **überzeugendsten Argumente** stehen **am Schluss**.

Sprache

- **Verknüpfe** die Argumentationsblöcke auf **abwechslungsreiche Art** miteinander.
- Verwende **Konjunktionen** und Formulierungen wie:
  der Grund dafür ist …, denn …, das liegt daran …, wegen …

3.1 Wie gliedere ich eine Erörterung?

Die Gliederung ist so etwas wie das Inhaltsverzeichnis der Erörterung. Beim Schreiben der Gliederung bist du gezwungen, dir Gedanken über den **logischen Aufbau** der Erörterung zu machen. In jeden Argumentationsblock kommen nur die Argumente und Beispiele, die zusammengehören.
Argumente zu deinem Thema findest du wiederum durch eine **Stoffsammlung** (siehe S. 91), aus der du eine Gliederung für deine Erörterung erstellst. Dafür gibt es verschiedene Möglichkeiten – welche davon du verwenden

möchtest, liegt bei dir; auf alle Fälle solltest du deine Gliederung **einheitlich** gestalten. Wenn du nach jedem Gliederungspunkt einen **Absatz** machst, wird deine Gliederung **übersichtlich**.

Auch sprachlich sollte die Gliederung einheitlich gestaltet sein. Daher verwendest du am besten **nominale Wendungen** <u>oder</u> **verbale Formulierungen** – nicht aber beide Formulierungsmöglichkeiten durcheinander.

Beispiel

Thema: *Vorteile des Computereinsatzes in Schulen*

Nominale Wendungen

- Vorbereitung auf das Berufsleben
- Nutzung des Internets

Verbale Formulierungen

- auf das Berufsleben wird vorbereitet
- Internet kann genutzt werden

Gliederung einer Erörterung

Möglichkeit 1

1. Einleitung
2. Hauptteil: Themafrage
   - 2.1 Erster Argumentationsblock
   - 2.2 Zweiter Argumentationsblock
   - 2.3 Dritter Argumentationsblock
   - (*Kein Punkt hinter letzter Teilnummer!*)
3. Schluss

Möglichkeit 2

A) Einleitung
B) Hauptteil: Themafrage
   1. Erster Argumentationsblock
   2. Zweiter Argumentationsblock
   3. Dritter Argumentationsblock
C) Schluss

Beispiel

Beispielgliederung zum Thema: *Was sind die Gründe dafür, dass so viele Jugendliche Alkohol trinken?*

A) Komatrinken der Jugendlichen erschreckt die Gesellschaft

B) Gründe für den hohen Alkoholkonsum vieler Jugendlicher

   1. Psychische Gründe
      a) Probleme in Schule und Familie
      b) Minderwertigkeitsgefühle

2. Materieller Überfluss
   a) Hohe Verfügbarkeit von Alkohol, da großes Angebot
   b) Große finanzielle Möglichkeiten bei Jugendlichen
3. Soziale Gründe
   a) Vorbild der Erwachsenen: Alkohol als gesellschaftlich
      anerkannte Droge
   b) Leichter Zugang: Versagen der Alterskontrolle
   c) Gruppendruck bei Feiern

C) Lösung: Strengere Gesetze und bessere Kontrolle durch die Eltern

Aufgabe 64 Verfasse eine Gliederung zum Thema: *Warum kommt es zu Konflikten zwischen Jugendlichen und ihren Eltern?* (→ Heft)

Aufgabe 65 Formuliere die folgenden Sätze zu nominalen Wendungen um.

a) Tätowierungen hinterlassen als Spätfolgen Narben.

_____

b) Tätowierungen können Entzündungen auslösen.

_____

c) Tätowierungen können Allergien auslösen.

_____

d) Tätowierungen provozieren Ablehnung von Erwachsenen.

_____

e) Tätowierungen können den Träger oder die Trägerin verunstalten.

_____

Aufgabe 66 Verfasse eine Gliederung zum folgenden Aufsatz nach einem der Muster auf S. 110. In der Randspalte kannst du dir dafür Notizen machen.

Was sollte man bedenken, ehe man einen Hund kauft?

Regelmäßig, wenn die großen Ferien nahen, lesen Tierschützer herrenlose Hunde auf, die von ihren Besitzern ausgesetzt wurden. Manch einer hat sich von den lieben Augen und dem tapsigen Herumgetolle eines Welpen verführen lassen und ihn gekauft, ohne genau zu überlegen, welche Anforderungen ein Hund an seinen Besitzer stellt.

Das Tier soll Freude bereiten – die Arbeit und die zeitlichen und finanziellen Belastungen werden aber oft verdrängt, genauso wie die zeitliche Dimension des Neuerwerbs: Ein Hund hat eine durchschnittliche Lebenserwartung von 10 Jahren und länger und wird seinem Besitzer länger erhalten bleiben als mancher Freund.

Ein Hund lässt sich nicht abschalten wie ein Fernseher; er ist immer da, auch in den Ferien. Wer nicht tierliebe Verwandte hat oder einen Hundezwinger in der Nähe und ausreichend Geld in der Tasche, um den Hund während der vierwöchigen Australienreise unterzubringen, sollte auf einen Hund verzichten.

Wer sich einen jungen Hund anschafft, muss jemanden haben, der tagsüber zu Hause ist. Nur wer sofort reagieren kann, wenn der Welpe sein Bein am Bücherregal hebt, bringt ihm bei, sein Geschäft draußen zu verrichten.

Besonders Hunde mit langen Haaren brauchen viel Pflege und damit viel Zeit; das lange Haar verlangt oft mehr Bürstenstriche, als man sich selber gönnt. Einen lebenden Hund kann man nicht wie eine Porzellanfigur ins Regal stellen und hoffen, dass er damit zufrieden ist. Ein Hund braucht Auslauf; und wenn man sich einen Windhund angeschafft hat, sollte man auch noch gut auf den Beinen sein, um bei dessen Geschwindigkeit mithalten zu können. Die Zeit zum Gassigehen muss man aufbringen, wenn man den Hund artgerecht halten will. Wer den ganzen Tag berufstätig ist und nur am Abend ein Viertelstündchen für seinen Hund übrig hat, sollte sich lieber Fische anschaffen.

Man sollte sich auch überlegen, ob alle Familienmitglieder mit dem Hund zurechtkommen. Wenn die kleine Tochter beim Anblick eines Hundes in Panik ausbricht, ist die An-

schaffung einer Dogge keine gute Idee, ein weißer Zwerg-
pudel mir rosa Schleifchen wäre besser. Und ob die
Anschaffung eines Kampfhundes die Lebenserwartung
der eigenen Kinder hebt, darf bezweifelt werden. Die Anschaffung eines Cockerspaniels, der nur einem Schinken
wirklich gefährlich wird, scheint da ratsamer zu sein.

Auch die Wohnverhältnisse sollten bedacht werden. In
einer kleinen Mietwohnung im vierten Stock mitten in
Berlin ist ein Hund schwieriger zu halten als im Haus mit
weitläufigem Garten. Wenn die Dogge, die man sich anschaffen will, schon die Hälfte des Wohnzimmers ausfüllt,
sollte man sich den Kauf vielleicht noch einmal überlegen.
Manchmal ist der Vermieter ja vernünftiger als der Mieter
und verbietet im Mietvertrag ausdrücklich das Halten von
Hunden.

Nicht nur die Anschaffung eines Hundes kostet Geld,
auch die laufenden Kosten sind hoch: Nicht nur die Hun-
desteuer, auch eine Haftpflichtversicherung und Tierarzt-
kosten für den Fall, dass der Hund krank wird, schlagen zu
Buche. Und falls man sich einen Bernhardiner anschafft,
sollte man in Erwägung ziehen, dass dessen Futter möglicherweise mehr kostet als die Verköstigung seines Herr-
chens oder Frauchens.

Man sollte einen Hund nicht nur kaufen, weil er süß ist,
sondern auch überlegen, ob man den Anforderungen gerecht werden kann, die der Hund an seinen Besitzer stellt.

Aufgabe 67   Erarbeite aus der folgenden Stoffsammlung eine Gliederung zum Thema:
Welche Gefahren bringen Alcopops mit sich?

- Konzipiert für junge Frauen
- Werbung auf Jugendliche ausgerichtet
- Vertrauter Geschmack von Limonade
- Alcopops bei unter 18-Jährigen an der Spitze der
  Beliebtheitsskala
- Alkoholkonsum von Jugendlichen steigt durch
  Alcopops
- Gerade im Alter zwischen 10 und 20 zeigt sich,
  ob Jugendliche zu Alkoholikern werden
- Mit den Alcopops soll die Zielgruppe der Jugend-
  lichen erschlossen werden
- Alcopops sind nicht so herb wie Bier und nicht so scharf wie Schnaps
- Jeder Alcopop enthält 12 g Alkohol, so viel wie zwei harte Schnäpse
- Alcopops lassen sich trinken wie Cola
- Zucker und Aroma überdecken den Alkoholgeschmack
- Alcopops sind kleine Kalorienbomben; jede Flasche hat rund 200 Kilokalo-
  rien mehr als eine Cola oder Limo
- Bei einigen Mixturen ist Koffein enthalten: Belastung für Herz und Kreislauf
- Generell ist Alkohol für Jugendliche gefährlich

3.2 Wie formuliere ich die Einleitung?

Eine gute Einleitung soll das **Interesse** der Lesenden wecken. Allerdings sollte
sie **keine Argumente vorwegnehmen**. Als Aufhänger für deine Einleitung
kannst du eine der folgenden Möglichkeiten auswählen:

Gestaltungsmöglichkeiten der Einleitung
- Gib ein persönliches **Erlebnis** wieder.
- Verweise auf einen **aktuellen Anlass** oder ein aktuelles Geschehen,
  das mit dem Thema zu tun hat.
- Führe ein **historisches Beispiel** an.
- Verwende ein **Zitat**, das zum Thema passt.
- Verweise auf eine **Statistik** , wenn du entsprechende Zahlen zur Verfügung hast.
- Kläre **Schlüsselbegriffe** des Themas.
- Führe kurz die **Bedeutung** des Themas aus.

Beispiele

Historisches Beispiel

Vor 400 Jahren hätte die Frage, was man bedenken sollte, bevor man sich ein Tier anschafft, für Gelächter gesorgt. Tiere gehörten zum Alltag, vom Stier bis zur Hausmaus. Tiere hatte man, weil sie den Menschen nutzten: die Katze, um Mäuse zu fangen, den Hund, um das Haus zu bewachen. In unserer modernen Welt muss man sich aber Gedanken machen, bevor man sich ein Haustier, wie einen Hund, anschafft. Was sollte man bedenken, bevor man einen Hund kauft?

Statistik

Die Deutschen lassen sich ihre Hunde etwas kosten. Im Jahr 2011 betrug das Hundesteueraufkommen knapp 260 Millionen Euro und es ist seitdem weiter im Steigen begriffen, weil Hunde als Haustiere beliebt sind. Treue Hundeaugen verführen schnell zum Kauf. Man sollte aber einiges bedenken, bevor man sich einen Hund anschafft.

Persönliches Erlebnis

„Mama, den Hund will ich", hörte ich einen kleinen Jungen schreien, als ich in der Zoohandlung neues Futter für meine Fische kaufte. Der Junge quengelte so laut und drängend, dass die überforderte Mutter schließlich nachgab und den Hund kaufte. Ob das wohl gut gehen wird, dachte ich mir. Denn bevor man sich einen Hund kauft, sollte man sich doch ein paar Gedanken machen.

Aufgabe 68 Ordne folgende Einleitungen einer der auf S. 114 genannten Gestaltungsmöglichkeiten zu.

Warum sind Alcopops für Jugendliche gefährlich?

A 15% der 15-jährigen Mädchen sagen, dass sie Alcopops allen anderen alkoholischen Getränken vorziehen. Bei den unter 18-Jährigen sind sie eines der beliebtesten Getränke, obwohl sie von vielen Erwachsenen für gefährlich gehalten werden. Was macht Alcopops für Jugendliche so gefährlich?

B Der Schriftsteller Ambrose Bierce sagt, dass Abstinenz-
ler schwache Menschen sind, die der Versuchung erliegen, sich selbst eines Vergnügens zu berauben. Er meint,
dass das Trinken von Alkohol zu einem schönen und
angenehmen Leben gehört. Viele Jugendliche sind der-
selben Meinung. Sie trinken Alkohol und greifen sehr
oft zu Alcopops, die aber von vielen Erwachsenen für
gefährlich gehalten werden. Was macht Alcopops besonders für Jugendliche gefährlich?

C Alcopops sind eine Mischung aus Alkohol und Limonade. Sie enthalten rund 5,4% Alkohol, genauso viel
wie ein starkes Bier. Vor Bier wird nicht gewarnt, aber
Alcopops werden von vielen als eine besondere Gefahr
für Jugendliche angesehen. Was macht Alcopops so gefährlich?

D Als ich letzte Woche im Supermarkt einkaufte, standen
vor mir an der Kasse zwei höchstens 15-jährige Mädchen, die eine Packung Alcopops aufs Band legten. Sie
zahlten, ohne dass die Verkäuferin fragte, wie alt sie
sind. Dabei darf derartig starker Alkohol nicht an Jugendliche unter 18 Jahren verkauft werden. Jugendliche
kommen oft problemlos an Alcopops heran, obwohl sie
von vielen für eine Sorte Alkohol gehalten werden, die
besonders für Jugendliche sehr gefährlich ist. Warum
sind Alcopops für Jugendliche gefährlich?

E Geht man in eine Disco oder auf eine private Party, dann
werden unweigerlich Alcopops angeboten. Sie sind aus
der Freizeit von vielen Jugendlichen nicht wegzuden-
ken. Ihre Allgegenwart stimmt bedenklich, da der Konsum von Alcopops als sehr gefährlich für Jugendliche
eingeschätzt wird. Warum stellen Alcopops eine
derartige Bedrohung für Jugendliche dar?

F Absinth ist ein aus Wermut hergestellter giftgrüner
Likör, der besonders bei Künstlern und Schriftstellern
im Paris des 19. Jahrhunderts beliebt war. Er wurde gerne getrunken, obwohl er wegen der schlechten Qualität
des Alkohols giftig war und sein Genuss in hohen
Mengen zu schweren Gesundheitsschäden führte. Als

alle Warnungen nichts halfen, wurde seine Herstellung in den meisten europäischen Ländern verboten. Vor den Schäden durch Alcopops werden besonders Jugendliche heute intensiv gewarnt, was den Konsum aber nicht mindert. Warum sind Alcopops so gefährlich?

G Verbraucherzentralen warnen, dass die auf Alcopops eingeführte Sondersteuer von den Herstellern umgangen wird, indem sie die Rezeptur ändern. Statt Branntwein liefert nun Wein den Alkohol. Das hat zur Folge, dass Alcopops jetzt ab 16 Jahren gekauft werden können, obwohl sie von vielen Experten besonders für Jugendliche als bedenklich eingestuft werden. Was macht Alcopops für Jugendliche so gefährlich?

fgabe 69 Notiere stichpunktartig Ideen für drei Einleitungen zum Thema: *Welchen Nutzen hat es für Jugendliche, einen Job neben der Schule anzunehmen?*
Verwende dabei verschiedene der gezeigten Gestaltungsmöglichkeiten einer Einleitung.

fgabe 70 Verfasse drei Einleitungen zum Thema *Welche negativen Folgen hat es für die Zuschauerinnen und Zuschauer, wenn sie zu viel fernsehen?* und ordne sie den genannten Gestaltungsmöglichkeiten einer Einleitung zu.

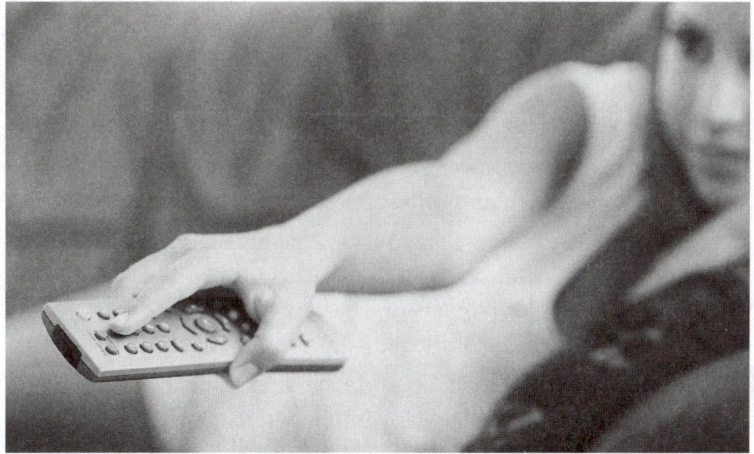

3.3 Wie formuliere ich den Schluss?

Der Schluss rundet die Argumentation ab und stellt sicher, dass den Lesenden eine **schlüssige Argumentation** in Erinnerung bleibt. Es gibt verschiedene Möglichkeiten, einen guten Schluss für deine Erörterung zu gestalten:

Gestaltungsmöglichkeiten des Schlusses
- **Fasse** die formulierten Gedanken **knapp zusammen**.
- Gib einen **Ausblick** in die Zukunft.
- Füge eine **Schlussfolgerung** aus den Argumenten an.
- Formuliere einen **Wunsch**, eine **Warnung**, eine **Hoffnung**.
- **Knüpfe** an die Einleitung **an**.
- Gib deine **eigene Meinung** zu dem Problem wieder.
- **Schränke** die **Gedanken** des **Hauptteils ein**.

Aufgabe 71 Ordne folgende Schlussgedanken einer der oben angeführten Gestaltungsmöglichkeiten zu. Dafür kannst du die Randspalte nutzen.

Welche negativen Folgen hat der Konsum von Alcopops für Jugendliche?

A Als man in der Vergangenheit vor der Gefährlichkeit des Absinths warnte, hörten viele nicht auf diese Warnung. Um dem Problem Herr zu werden, verboten verschiedene Staaten dieses Getränk. Vielleicht wäre dies heute auch eine Möglichkeit, um die Gefährdung von Jugendlichen durch Alcopops zu verhindern.

B Dass man durch Alcopops dick wird und möglicherweise Kreislaufprobleme bekommt, kann man noch hinnehmen. Aber dass Jugendlichen vorgegaukelt wird, sie tränken keinen Alkohol, obwohl sie mit einem Alcopop den Gegenwert von zwei Schnäpsen zu sich nehmen, ist gemeingefährlich und sollte abgestellt werden.

C Immer früher machen Jugendliche Bekanntschaft mit alkoholischen Getränken. Durch die Alcopops wird das Einstiegsalter weiter sinken und je jünger die Konsumenten sind, umso gefährlicher ist für sie der Alkohol.

D Alcopops sind gefährlich, aber Messer sind es auch. Es kommt immer auf den Umgang mit der Gefahr an. Und da sind Eltern, Lehrkräfte und die Jugendlichen selber gefragt, die den verantwortlichen Umgang mit Alkohol lernen müssen.

E Der Markt der Jugendlichen ist zu verführerisch für die Industrie, denn Jugendliche haben viel Geld in der Tasche und geben es auch gerne aus. Verteuert man die Alcopops so, dass sie für Jugendliche nicht mehr leicht erschwinglich sind, wird die Getränkeindustrie andere Rezepturen in ihren Labors mischen und die Jugendlichen weiter dazu verleiten, Alkohol zu trinken.

F Ohne Zweifel sind Alcopops für Jugendliche gefährlich. Deren Genuss zu verbieten, ist aber sinnlos, da sie sich nicht an dieses Verbot halten werden. Am sinnvollsten ist es, Alcopops durch Steuern so teuer zu machen, dass sie für die Jugendlichen nicht mehr erschwinglich sind.

G Sicherlich sind Alcopops für Jugendliche gefährlich – wie jede Art von Alkohol. Alkohol ist aber eine Droge, die von unserer Gesellschaft akzeptiert wird, und deswegen muss man auch akzeptieren, dass Jugendliche Alcopops konsumieren und darf keine Krokodilstränen darüber vergießen.

Aufgabe 72 Sammle stichpunktartig Ideen für drei Schlussgedanken zum Thema: *Welchen Nutzen hat es für einen Jugendlichen, einen Job neben der Schule anzunehmen?* Verwende dabei verschiedene der gezeigten Gestaltungsmöglichkeiten.

Aufgabe 73 Verfasse drei Schlussgedanken zum Thema *Was muss man bedenken, bevor man sich einen Hund kauft?* und ordne sie den genannten Gestaltungsmöglichkeiten zu.

3.4 Wie verbinde ich Argumente in der Erörterung?

Die einzelnen Argumente einer Erörterung müssen miteinander verbunden werden, damit die **Logik der Argumentation** klar wird. Derartige verbindende Formulierungen sind wie „Verkehrsschilder", die dem Leser oder der Leserin zeigen, wo es langgeht. So kann man der Argumentation viel leichter folgen und sie nachvollziehen. Im Folgenden findest du einige **Formulierungen**, mit denen du **Argumente verknüpfen** kannst:

Wortspeicher Überleitungen

- Mein wichtigstes Argument ist …
- Ein weiteres Argument dafür ist, dass …
- Des Weiteren ist anzumerken, dass …
- Außerdem wirkt sich negativ aus …
- Man sollte auch nicht vergessen, dass …
- Aber nicht nur …
- Dazu kommt …
- Außerdem ist zu beachten …
- Daneben darf man nicht vergessen …
- Weiterhin muss man erwähnen …
- Zudem hat dieser Umstand weitere negative Auswirkungen, wie …

Aufgabe 74 Im Folgenden findest du Argumente zum Thema: *Warum trinken Jugendliche Alkohol?* Verknüpfe die Argumente mit geeigneten Formulierungen.

Nicht nur Erwachsene trinken in unserer Gesellschaft Alkohol, sondern auch Jugendliche. Das Alter beim ersten Alkoholkonsum sinkt und es gibt immer mehr junge Menschen, die häufig alkoholischen Getränken zusprechen. Weshalb trinken Jugendliche Alkohol?

?

Genauso wie Erwachsene haben Jugendliche Probleme: Man schreibt in der Schule eine Fünf nach der anderen und dann macht die Freundin oder der Freund Schluss. Alkohol entspannt und lässt die Sorgen und Nöte vergessen, jedenfalls für kurze Zeit. Diese Möglichkeit, vor den Sorgen zu fliehen, lässt manche Jugendliche zur Flasche greifen.

?

Jugendliche, die keinen Job haben, fühlen sich an den Rand der Gesellschaft geschoben und deshalb nutzlos. Sie haben viel Zeit und sind verärgert, wütend und enttäuscht, dass sie keine Arbeit haben. Sich mit Alkohol zu betäuben, ist ein bequemer Weg, vor der öden Wirklichkeit ihrer Arbeitslosigkeit zu fliehen.

?

Vor zweihundert Jahren war übermäßiger Alkoholgenuss von Jugendlichen kein Problem. Alkohol war teuer und Jugendliche hatten wenig Geld. Heute kann man in jedem Supermarkt billig Alkohol erwerben. Oft sind die Produkte sogar extra auf junge Kunden zugeschnitten, wie die „Alcopops". Gaststätten müssen immer wieder ermahnt werden, wenigstens ein nichtalkoholisches

Getränk auszuschenken, das billiger als Bier ist, obwohl sie gesetzlich dazu ver-
pflichtet sind. Die meisten Jugendlichen haben genügend Geld, um sich auch
einmal eine Flasche Whiskey oder etwas Ähnliches leisten zu können. Wenn
Alkohol allgegenwärtig und billig ist und die Jugendlichen ausreichend Geld
dafür haben, dann steigt natürlich ihr Alkoholkonsum.

?

Wenn alle ein Bier trinken und selbst trinkt man nur Limonade, wird man oft
zum Gespött seiner Freunde, weil man sich anders verhält als die anderen. Alle
Jugendlichen möchten dazugehören, besonders wenn gefeiert wird. Alkohol
macht gesellig, weil er entspannt, und ist deshalb die Feierdroge Nummer Eins.
Oft ist der Gruppendruck der Freunde so groß, dass man sich nicht ausschlie-
ßen kann und auch zum Bier anstatt zur Fanta greift.

?

Was sehen Jugendliche, wenn sie auf das Münchener Oktoberfest gehen? Hor-
den von Erwachsenen, die sich zur Blasmusik betrinken. Ärzte und Sanitäter
stehen vorsorglich bereit, um die Alkoholleichen medizinisch zu betreuen.
Aber man muss nicht auf das Münchener Oktoberfest gehen, um zu sehen,
dass Alkohol eine gesellschaftlich akzeptierte Droge ist. Es reicht, wenn man
die Werbung ansieht oder die Kataloge von Weinfirmen durchblättert, die die
Eltern ins Haus geschickt bekommen. Warum sollten Jugendliche auf etwas
verzichten, was ihnen die Erwachsenenwelt als Selbstverständlichkeit, als
wunderbares Genussmittel und Krönung eines gelungenen Essens preist?
Warum sollten Jugendliche willensstärker als reife Erwachsene sein und keinen Alkohol trinken? Die Welt der Erwachsenen ist für die Jugendlichen das
Vorbild und sie passen sich diesem Vorbild an, indem sie Alkohol trinken.

Aufgabe 75 Streiche in dem folgenden Aufsatz die Formulierungen durch, die dir fehlerhaft oder schlecht formuliert vorkommen. Für deine Begründungen und Verbesserungsvorschläge kannst du die Randspalte nutzen.

Welchen Nutzen hat es für einen Schüler oder eine Schülerin, einen Job neben der Schule anzunehmen?

Je nach Gegend jobbt ein Drittel bis zur Hälfte der Mittel- und Oberstufenschüler regelmäßig. Ein Job ist für jeden Schüler etwas Gutes. Er erfährt dabei vieles, was er in der Schule nie und nimmer lernen würde, obwohl auch die Schule einem viel Gutes beibringt, was er später im Leben wirklich gut verwenden kann. Gut ist also beides: die Schule und der Nebenjob. Sie ergänzen sich gewissermaßen. Aber welches Gute hat es für einen Schüler, einen Job neben der Schule anzunehmen?

Man lernt was fürs Leben, weil man in die Lebenswirklichkeit kommt, z. B. in einen Supermarkt, wenn man Waren einsortieren muss. Man bekommt auch einen guten Überblick über das Warensortiment, was einem zum Beispiel später hilft, sich in einem Supermarkt zurechtzufinden.

Häufig finden Schüler Arbeit als Zeitungsausträger, aber es gibt auch eine Menge geiler Angebote für Schüler. Im Internet findet man beispielsweise Stellen als Mystery-Shopper oder als Statist. Statisten werden bei Film- und TV-Produktionen eingesetzt. Das sind die Menschen, die zum Beispiel bei Filmen einfach nur in Cafés sitzen oder über die Straße laufen. Die Aufgabe des Mystery-Shoppers wiederum besteht darin, einkaufen zu gehen und die Freundlichkeit und Kompetenz der Verkäufer zu beurteilen.

Man gewinnt zudem Einblick in das Berufsleben. Wie beschwerlich es ist, zu arbeiten, dass man jeden Tag kommen muss, auch wenn man nicht will. Das fällt vielen schwer. Es ist ihnen eine Lehre, dass man das machen muss. Der Umgang mit den Kollegen bringt weitere Erfahrungen. Diese Erfahrungen kann man in der Schule nicht machen.

Man lernt auch, Verantwortung zu übernehmen. Schule ist nicht das Leben, sie hat mehr Spielplatzcharakter. Wenn man mal einen Scheiß baut, ist es nicht so schlimm, weil man nur einen Verweis oder eine Nacharbeit bekommt. Wenn man im Job etwas verbockt, dann geht es schon härter zur Sache. Schlimmstenfalls kann man rausgeschmissen werden. Wenn man schlecht arbeitet, bekommt man den Job nicht wieder. Dann hat man kein Geld mehr oder muss sich einen neuen suchen.

Man ist auch unabhängiger von den Eltern, was die Finanzen und alles andere betrifft. Man hat sein eigenes Geld und muss nicht die Eltern bitten, einem Geld rüberwachsen zu lassen, wenn man sich etwas Teures anschaffen will. Man kann sich, wenn man etwas gespart hat, problemlos ein Auto kaufen. Wenn man über selbst verdientes Geld verfügt, können die Eltern nicht bestimmen, welche Klamotten man kaufen soll. Man kauft sich einfach die, die man selber will. Auch die Benutzung der Handys kommt die Jugendlichen teuer zu stehen und kann nicht allein vom Taschengeld finanziert werden. Das nötige Geld dafür wird also unter anderem ebenfalls in Jobs verdient.

Für doofe Schüler hat ein Nebenjob seine Gefahren: Während die Cleveren die Doppelbelastung spielend in den Griff bekommen, reduziert sich bei mittelmäßigen Schülern die Bereitschaft, sich in der Schule anzustrengen. Gerade wenn man dort wenig Bestätigung erhält, bekommt der Job eine zusätzliche Bedeutung. Es steigert die Selbstzufriedenheit, wenn sie wie Erwachsene behandelt werden. Aber der eigentliche Job als Schüler gerät aus dem Blick.

fgabe 76   Überarbeite den folgenden Aufsatz (→ Heft).
Nimm dafür die Checklisten auf den Seiten 15 und 126 zu Hilfe. Die Randspalte kannst du für Notizen nutzen.

Warum sind Hausaufgaben eine sinnvolle Hilfe für Schüler?

Hausaufgaben werden heutzutage von jedem Lehrer gestellt und gehören zum Schulalltag. Die Schüler sind es gewöhnt, zu Hause nach dem Mittagessen erst einmal ihre Hausaufgaben zu erledigen. Dadurch verkleinert sich natürlich ihre Freizeit. Warum Hausaufgaben dennoch sinnvoll sind, möchte ich hiermit erläutern.

Hausaufgaben sind sinnvoll, weil die selbstständige Arbeit der Schüler verbessert wird. Denn bei den Hausaufgaben erhalten sie keine Hilfe vom Lehrer und die Eltern helfen meist nur, wenn die Aufgaben sehr schwer sind. Durch die regelmäßige Hausaufgabenerledigung wird auch die Fähigkeit, etwas fehlerfrei auszuführen, geschult, was später im Beruf sehr nützlich sein kann, z. B. beim Nachrechnen von Statistiken oder Ähnlichem. Außerdem lernt das Kind, die Sachen schnell, aber effektiv zu machen. Die meisten kommen erst um drei oder vier Uhr nach Hause und haben um fünf Uhr schon wieder Training bei einem Sportverein. Deshalb stehen sie sehr unter Zeitdruck und sie müssen sich ihre Zeit genau richtig einteilen, um die Aufgaben schnell, aber trotzdem richtig zu erledigen.

Als weiteres Argument sollte angeführt werden, dass Hausaufgaben eine gute Prüfung sind, ob der Stoff der letzten Stunde verstanden wurde. Da der Stoff noch einmal komplett durchgegangen werden muss, um eine Hausaufgabe richtig zu beantworten, prüfen die Schüler dadurch ihr im Unterricht verstandenes oder auch unverstandenes Wissen. Als Beispiel könnte angeführt werden, dass neue mathematische Formeln durchgenommen wurden, die der Schüler in der Hausaufgabe anwenden muss. Dadurch prüft er, ob er sie im Unterricht verstanden hat.

Durch die Hausaufgaben werden auch Fächer speziell vorbereitet, die nicht so gut gekonnt werden, da Hausaufgaben in diesen Fächern auch gemacht werden müssen. So werden genau die Problemzonen geübt und nach gründlicher Hausaufgabe besser verstanden.

Als wichtigstes Argument darf nicht vergessen werden, dass durch die Hausaufgabe der Stoff vom Vortag wiederholt wird, weil der im Unterricht gelernte Stoff in den

Hausaufgaben wieder angewendet werden muss. Dadurch wird auch das Lernen für den nächsten Tag weniger, da in den Hausaufgaben schon alles wiederholt wurde. Daraus folgt, dass Schüler mehr Freizeit haben, wenn die Hausaufgaben gemacht wurden.

Durch die Vorbereitung der Hausaufgaben wird das Lernen für den nächsten Tag leichter, weil zum zweiten Mal an dem Tag der gleiche Stoff wiederholt wird. Dadurch weiß der Schüler noch, wie er es bei den Hausaufgaben angewendet hat, zum Beispiel bei englischer Grammatik, die nach gemachten Hausaufgaben noch im Kopf ist und somit nur noch einmal kurz wiederholt werden muss und dann für den ganzen Tag gelernt ist.

Ich finde, dass Hausaufgaben eine sinnvolle Hilfe für Schüler sind. Außerdem sind Hausaufgaben eine sinnvolle Beschäftigung, im Gegensatz zu ewigem Computerspielen.

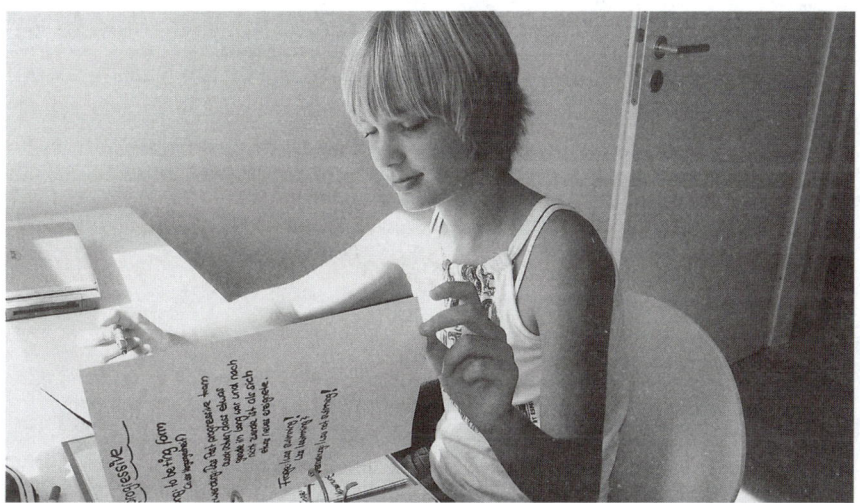

fgabe 77 Entwirf eine Gliederung zum Thema: *Warum kommt es immer wieder zu Konflikten zwischen Eltern und Kindern wegen des Ausgehens am Abend?* Schreibe dann eine Erörterung dazu.

fgabe 78 Schreibe eine Erörterung mit Gliederung zum Thema: *Welche Gefahren birgt deiner Meinung nach der Hochleistungssport für die oft sehr jungen Sportler?*

Aufgabe 79 Die SMV hat mit folgendem Text alle Schüler der 8. Jahrgangsstufe aufgerufen, sich als Tutoren für die fünften Klassen zur Verfügung zu stellen. Erörtere, welche Vorteile ein Tutorensystem an der Schule mit sich bringt. Verwende dabei auch die Informationen aus dem Text. Du kannst dir am Rand Notizen machen.

Die Arbeit der Tutoren an unserer Schule

Wenn sich die Eltern vor der Wahl einer weiterführenden Schule über das Profil unseres Gymnasiums informieren, ist es mittlerweile selbstverständlich, dass ein Team von Tutoren ihren Kindern hilft, sich in der unbekannten Welt des Gymnasiums zu orientieren. Sie sind gut ausgebildet: Die Verbindungslehrer machen sie mit den schulorganisatorischen und versicherungstechnischen Fragen vertraut und Mitarbeiter der kirchlichen und kommunalen Jugendarbeit bereiten die Tutoren auf den Umgang mit den Kindern vor, indem sie ihnen beibringen, wie man größere Gruppen führt oder Konflikte schlichtet. Die Aktivitäten der Tutoren mit ihren Schützlingen reichen von der Schulhausrallye über Plätzchenbacken bis zum gemeinsamen Eislaufen am Nachmittag. Und wenn es mal Probleme mit Mitschülern gibt, greifen die Tutoren auch ein.

Unser Schulleiter betont immer wieder, wie wichtig die Arbeit der Tutoren für die Schule ist. Denn der soziale Zusammenhalt wird gefördert und sie selbst lernen, wie lehrreich und befriedigend es ist, sich für andere einzusetzen.

Checkliste für die Erörterung

- Habe ich meine Gliederung **formal richtig** gestaltet?
- Habe ich die Gliederung **sprachlich einheitlich** gestaltet?
- Habe ich mein **wichtigstes Argument** an den Schluss gestellt?
- Hat mein Aufsatz eine **Einleitung**, die zum Thema hinführt?
- Steht am Ende der Einleitung die **Frage**, um die es in dem Aufsatz geht?
- Sind meine Argumente für den Leser bzw. die Leserin **überzeugend**?
- Habe ich die Argumente durch **Beispiele** veranschaulicht?
- Stelle ich im Aufsatz immer wieder den **Bezug** zu meiner Behauptung her?
- Habe ich die einzelnen Argumente **sinnvoll** miteinander verbunden?
- Habe ich die einzelnen Argumente durch **Absätze** optisch voneinander abgehoben?
- Hat mein Aufsatz einen überzeugenden **Schluss**?

Lösungen

Arbeitstechniken Deutsch

Aufgabe 1 Hinweise auf die Gründe für den Erfolg Enid Blytons findest du z. B. auf folgenden Internetseiten:

- www.rossipotti.de/inhalt/literaturlexikon/autoren/blyton_enid.html
  (Stand: 16.03.2022)
- https://de.wikipedia.org/wiki/Enid_Blyton (Stand: 16.03.2022)
- http://www.wasistwas.de/archiv-sport-kultur-details/enid-blyton-schon-mit-14-schrieb-sie-fuer-kinder.html (Stand: 27.05.2015)

Aufgabe 2 *Manche von den unterstrichenen Textteilen geben nur indirekt Auskunft auf die Frage, warum Enid Blyton eine so erfolgreiche Autorin gewesen ist. Du kannst die gewünschte Information aber herauslesen.*

Mutter von „Hanni und Nanni"

1 Das Lesevergnügen war stets eng an Dolly Rieders Lebenslauf gebunden: Immer, wenn sich das Temperamentbündel entschloss, ein weiteres Schuljahr oder später

5 sogar die Berufsausbildung auf Burg Möwenfels zu absolvieren, war die Fortsetzung der Internatsgeschichte sichergestellt, gab es ein Wiedersehen mit der Protagonistin, ihren Freundinnen Susanne,

10 Will und Clarissa, mit der Direktorin Frau Greiling und mit „Pöttchen", der Hausvorsteherin. Denn, Hand aufs Herz: Wer konnte sich Dolly ohne Burg, die Burg ohne Dolly oder Ferien ohne ein Buch aus

15 der gleichnamigen Serie vorstellen? Auf diese Weise prägte sich auch der Name der Autorin fest ins Gedächtnis ein: Enid Blyton. Die Schriftstellerin, geboren am 11. August 1897 in London, hätte 1997

20 ihren 100. Geburtstag gefeiert. Die Engländerin ist die geistige Mutter vieler Buchserien, die bereits ganze Generationen von Kindern und Jugendlichen verschlungen haben. So galten und gelten

25 ihre Best- und Longseller „Dolly" (18 Bände), „Hanni und Nanni" (19 Bände), „Tina und Tini" (14 Bände) und die „Fünf Freunde" (22 Bände) als unfehlbares Rezept gegen „Lesehunger" – scheinbar al-

30 terslos, gegen jeden Trend und jede Zeitgeist-Entwicklung gefeit. „Mein Vorsatz, später einmal Schriftstellerin zu werden, stand bereits fest, als ich lesen lernte", schreibt Enid Blyton in ihrer Autobio-

35 grafie „Die Geschichte meines Lebens".

Zunächst aber lässt sie sich auf Wunsch ihrer Eltern zur Musikerin ausbilden. Doch auch während dieser Zeit

schreibt sie Gedichte und Geschichten, die
40 sie zur Veröffentlichung anbietet – ohne
Erfolg. Mindestens 500 Manuskripte werden zurückgeschickt. „Sei vernünftig, liebes Kind! Strebe nicht nach Himmelsträumen, sondern merke dir geschwind: Tätig
45 sollst du sein, nicht träumen", schreibt
ihr daraufhin ein wohlmeinendes Familienmitglied ins Poesiealbum.

Doch Enid Blyton entwickelt eine
Idee, die sie ihrem Traumberuf ein ganzes
50 Stück näherbringt: „Kindergärtnerin wäre
der ideale Beruf für mich. Dass ich nicht
schon früher auf die Idee gekommen war!
Ich wollte doch gern für Kinder Bücher
schreiben, kam aber auf dem bisherigen
55 Weg nicht so recht voran. Als Kindergärtnerin würde ich täglich mit Kindern zusammen sein, sie reden hören, sie beim
Spielen beobachten, genau herausfinden,
wovor sie sich fürchten und was sie sich
60 wünschen."

Tatsächlich entwickelten sich ihre
Schützlinge zu Ideenlieferanten und Lehrern. Auf diese Weise einmal in Gang gesetzt, führt der kreative Prozess schließlich
65 zum Erfolg: 1922 erscheint Enid Blytons
erstes Buch: „Child Whispers".

Die Fantasie bleibt stets die Nahrung
ihrer Schriftstellerin. „In meinem Kopf
läuft dann die Handlung, ähnlich wie in
70 einem Film, ab. Wenn die ersten Szenen
an mir vorbeigezogen sind, kenne ich Namen, Charakter und Aussehen der Leute,
die in meiner neuen Geschichte vorkommen werden", berichtet sie über die Ent-
75 stehung ihrer Bücher. Immer wieder [...]
integriert sie auch eigene Erlebnisse oder
Menschen, die sie kennt, in ihre Handlungen. „Auf viele Ideen brachte mich
meine eigene Schulzeit – auch die meiner
80 Töchter. Erinnerungen an Hockey- und
Tennisspiele, Streiche, Freundschaften
und gegenseitige Abneigung – all das fin-

det man in meinen Schulgeschichten",
erinnert sie sich und meint damit vor
85 allem die Serien „Dolly" sowie „Hanni
und Nanni". Über die große Popularität
staunte sogar die Autorin: „Es ist seltsam,
dass, gleichgültig in welchen fremden Ländern die Bücher erscheinen, sie sehr bald
90 allgemein beliebt sind, obwohl sie ihrem
Charakter nach rein britisch sind",
schreibt sie an ihre deutsche Verlegerin
Erika Klopp. Gemeinsam mit ihren beiden Töchtern aus erster Ehe, Gillian und
95 Imogen, sowie mit ihrem zweiten Mann,
dem Chirugen K. D. Waters, lebte Enid
Blyton auf dem Landsitz Green Hedges.
Dort sowie zuvor in ihrem Elternhaus verfasste die Tier- und Pflanzenfreundin
100 nicht nur Romane, sondern auch journalistische Texte und pädagogische Publikationen, Erzählungen, naturkundliche Schilderungen und Theaterstücke für Kinder
sowie einige Filmdrehbücher. Bis heute
105 sind von 700 Titeln, die die – so heißt es
in einer Verlagsinformation – „bekannteste
und beliebteste Jugendautorin der Welt"
schrieb, weltweit schätzungsweise eine
halbe Milliarde Bücher in mehr als 30
110 Sprachen verkauft worden.

„In ihrem Bemühen, kindliche Abenteuer-Fantasie und kindliches Realitätsbedürfnis gleichermaßen zu befriedigen,
beschreibt Enid Blyton eine eigenständige
115 Kinderwelt, die in deutlicher Spannung
zur nüchternen, von egoistischen Interessen bestimmten Welt der Erwachsenen
[steht], gibt aber keine Hilfen, die Gesellschaft der Erwachsenen verstehend zu
120 lernen und verändernd in sie einzugreifen", kritisiert Malte Dahrendorf das Werk
der Schriftstellerin, das Gegenstand zahlreicher wissenschaftlicher Analysen ist.

Wie eine – unbewusste – Replik auf die-
125 sen Vorwurf wirkt eine Aussage in einem
Brief, den Enid Blyton 1953 in ihrer kla-

ren Sprache verfasste und an Erika Klopp sandte: „Ich schreibe Bücher für alle Altersstufen, von 3 bis 16 Jahren. Auf diese
130 Weise begleite ich ein Kind durch seine ganze Jugendzeit. Wie glücklich bin ich doch!"

Die Schriftstellerin starb am 19.11.1968 in London. Um Antworten
135 auf all die Fragen geben zu können, die ihre Leser ihr in zahllosen Briefen stellten,

schrieb Enid Blyton „Die Geschichte meines Lebens" auf. Obwohl es sich in Form und Sprache vor allem an ihre jun-
140 gen Verehrer wendet, lädt das Buch auch „älteres Publikum" zur biographischen Spurensuche ein und entwickelt sich so zu einer Lektüre, die an vergangenes, aber nicht vergessenes Lesevergnügen erinnert
145 und es abrundet.

Quelle: Beate Griese-Henning, Mutter von „Hanni und Nanni". Recklinghäuser Zeitung 02. 08. 1997. Im Internet unter: http://home.arcor.de/jomuko/textseite-zeitungsartikel.htm#2. (Stand: 27. 05. 2015)

ufgabe 3
- Varianten des Angelns
- Ablauf des Angelns
- Rechtliche Regelungen für das Angeln
- Wirtschaftliche Bedeutung des Angelns

ufgabe 4
Ein Tag ohne eine Tageszeitung ist fast undenkbar. Genauso wenig wie auf die Tageszeitung kann man auf Fernsehen, Radio oder ~~Telefon~~ verzichten. ~~Ohne diese Medien würde man sozusagen hinter dem Mond leben~~.

kein Massenmedium
umgangssprachlich

überarbeitete Version:
Ein Tag ohne eine Tageszeitung ist fast undenkbar. Es gibt zwar auch andere Massenmedien wie Fernsehen, Radio oder Internet, die uns mit Informationen versorgen, aber die Tageszeitung ist durch diese Medien nicht zu ersetzen.

Die Tageszeitung ist ~~insofern~~ praktischer als Fernsehen und Radio, da man sie aufgrund ihres Formats immer mit sich führen kann. Da eine Zeitung an jedem Kiosk kaufbar ist, ist es für Reisende ein Leichtes, sich über aktuelle Ereignisse des Tages zu informieren.

streichen
fehlt: Internet
„kaufbar" klingt steif
fehlt: passenderes Beispiel

überarbeitete Version:
Die Tageszeitung ist praktischer als Fernsehen, Radio oder das Internet, da man sie aufgrund ihres Formats, ihres Gewichts und der Tatsache, dass sie ohne Technik auskommt, an jedem Ort zu jeder Zeit lesen

kann. Man kann während einer Reise seine Zeitung problemlos aus der Tasche ziehen, und wenn man nicht schlafen kann, holt man sich einfach die Zeitung vom Nachttisch und liest den Artikel, zu dem man tagsüber nicht gekommen ist. Diese problemlose Verfügbarkeit ist ein Grund, warum man ohne die Tageszeitung nicht auskommen kann.

In ~~mehrerer~~ Beziehung können andere Medien die Zeitung nicht ersetzen. ~~Da in der Zeitung nicht nur landespolitische, sondern auch über Geschehnisse und Ereignisse im eigenen Landkreis Auskunft gibt.~~ Sie übermittelt Nachrichten, die nicht in ~~Nachrichten~~sendungen vorkommen, weil sie als unwesentlich erachtet werden. Nichtsdestotrotz sind sie wichtig für die Allgemeinbildung. Wie z. B. Unpolitisches, Aktuelles oder auch andere Themen.

Ausdrucksfehler, Thema?

Satz unvollständig

Wiederhol. „Nachrichten"

nichtssagende Beispiele

Satz unvollständig

überarbeitete Version:

Auch aus anderen Gründen lohnt es sich, eine Tageszeitung zu lesen. Nirgendwo anders bekommt man so ausführlich, so übersichtlich und so aktuell Nachrichten und Berichte aus der Region. Im Regionalteil wird man über die neuesten Beschlüsse des Stadtrats zum Jugendzentrum informiert und genauso darüber, welche Änderungen mit dem neuen Busfahrplan zu erwarten sind. Außerdem informiert kein Medium so ausführlich und zusammenhängend über alle möglichen Themengebiete: von der Außenpolitik bis zur Stadtpolitik und vom Sport bis zum Promiklatsch.

~~Man hört oft den Ausspruch~~, es gehe auch ohne Zeitung. Dies ist jedoch leicht zu widerlegen. Zum Beispiel da sich bei einer Umfrage herausstellt, dass sehr viele der Befragten deshalb, weil sie am Vortag nicht die Zeitung gelesen hatten, vergaßen, ihre Uhr nach der Sommerzeit zu stellen. Das hatte wieder zur Folge, dass sie am nächsten Tag, wie sie erzählten, oft in Verwicklungen wegen ihrer falschen Uhrzeit gerieten.

besser: Es wird oft behauptet

unübersichtlicher Satzbau

nichtssagendes Beispiel, zu allgemein und schlecht formuliert

Außerdem wäre noch zu bemerken, dass nicht nur politische <u>Artikel</u>, Sport<u>artikel</u>, Wirtschafts- und Kultur<u>artikel</u>, sondern auch Annoncen, das Fernsehprogramm, Kino-

Wiederholung

vorschau und Werbeangebote usw. ~~darin enthalten~~ sind. ~~Dies meine ich, ist schon ein wichtiger Faktor.~~

schlechte Formulierung

überfl.; wichtigster Punkt?

überarbeitete Version:

Eine Tageszeitung informiert umfassend über Politik, Wirtschaft, Kultur und Sport. Wenn man die Zeitung aufschlägt, ist man über alle Bereiche umfassend informiert, und wenn ich einen Roller oder ein gebrauchtes Handy kaufen will, hilft mir der Anzeigenteil der Zeitung weiter. Geschäfte werben in der Zeitung für ihre günstigen Angebote, sodass ich mit diesen Informationen viel Geld sparen kann. Für die Freizeitgestaltung findet man ebenfalls viele Informationen in der Zeitung: vom Fernseh- und Kinoprogramm bis zum Veranstaltungskalender.

Abschließend möchte ich noch sagen, die Zeitung ist eine fast unersetzliche Möglichkeit, um sich über Stadt, Land und über vieles andere zu informieren oder um selbst andere Menschen zu informieren.

Schluss: einfallslos und langweilig

überarbeitete Version:

Fernsehen, Radio und Internet liefern uns zwar auch Informationen, und das oft noch schneller als die Zeitung. Aber kein anderes Massenmedium informiert so umfassend, zuverlässig und technisch problemlos wie die Tageszeitung. Deswegen kann man trotz aller technischen Fortschritte ohne eine Tageszeitung nicht auskommen.

Ein Kurzreferat halten

Aufgabe 5

Angeln als Hobby (Anschreiben Tafel)

- *Alte, einfache Art des Fischfangs* → *Was braucht man?*
- *Varianten* (Anschreiben Tafel) :
  *Meeresfischen, Nachtangeln, Hochseeangeln, Eisangeln,
  Brandungsfischen, Drop-Shot-Angeln, Federfischen,
  Fliegenfischen, Schleppfischen*
- *Ablauf* (Anschreiben Tafel):
  → *Köder* → *beißt Fisch zu, an Land ziehen*
- *Rechtliche Regelungen* (Anschreiben Tafel)
  Fischereischein + Fischereierlaubnisschein
  Auflagen:
  Natur- und Tierschutz → *Schonzeiten für bedrohte Arten*
  Mindestgröße der Fische
- *Wirtschaftliche Bedeutung* (Anschreiben Tafel):
  Unterschätzt! Umsatz: 6,4 Milliarden €

Aufgabe 6 Keine Musterlösung

Aufgabe 7 Obwohl er fünf Jahre in Kriegsgefangenschaft in Russland verbracht hat, erzählt er uns in seinen Büchern Geschichten über Hexen, Gespenster und Zauberlehrlinge. Otfried Preußler wurde 1923 geboren im heutigen Tschechien und starb 2013 in Bayern. *direkte Ansprache des Publikums; überraschender, interessanter Beginn*

nur wesentliche Daten

In dem schreienden Baby hat damals sicher niemand den berühmten Kinder- und Jugendbuchautor gesehen, der heute über 45 Millionen Bücher weltweit verkauft. Aber er selbst dachte schon als kleiner Junge mit acht Jahren daran, Schriftsteller zu werden. *Bild*

Für einen kleinen Jungen ist das ein sonderbarer Berufswunsch. Woher kam dieser Wunsch? *rhetorische Frage = sprachliches Signal, das den Text gliedert*

Abend für Abend erzählte ihm seine Großmutter Dora in der Stube immer neue Märchen von Zauberern, Hexen, Gespenstern, Wassermännern und Räubern. Und auch sein Vater erzählte ihm die Sagen seiner böhmischen Heimat. Die kannte sein Vater gut. Er war nämlich Heimatforscher. Dazu wanderte er von Dorf zu Dorf und sammelte Sagen. Der kleine Otfried durfte seinen Vater manchmal begleiten und den Geschichten lauschen. Diese Welt der Sagen und Märchen beeinflusste später seine Bücher: Die Geschichte von Krabat ist dafür eines der besten Beispiele.

Informationen in eine Geschichte eingebettet

Sein Vater und seine Mutter waren beide Lehrer; sein Vater leitete außerdem einen Verlag. So gehörten Bücher von klein auf zu seinem Leben. Seine Eltern waren sehr gastfreundlich. Viele Schriftsteller und Grafiker saßen bei ihm zu Hause am Tisch und er hörte ihren Gesprächen zu. Schon mit 12 schrieb er kleine Geschichten. Mit 15 verdiente er sein erstes Geld mit Zeichnungen für eine Zeitung. Sehr gut zeichnen zu können, war sein zweites Talent.

Im ganzen Absatz nur kurze Hauptsätze

Der Berufsweg schien klar zu sein. Doch der Zweite Weltkrieg brach aus. Gleich nach dem Abitur musste er das Gewehr in die Hand nehmen und im Osten kämpfen. 1944 war für ihn der Krieg zu Ende, aber nicht die furchtbaren Erlebnisse: Er geriet als junger Offizier für fünf Jahre in russische Gefangenschaft. Welche Erfahrungen machte er dort, wie überlebte er, wo doch so viele starben? Er brachte einmal auf den Punkt, was er gelernt hat durch Hunger, Krankheit und Entbehrungen in Russland:

Bild

rhetorische Frage

Teile des Verbs stehen nah beieinander

„Damals bin ich zum Optimisten geworden, denn seither weiß ich, dass der Mensch ein unbeschreiblich zähes, geduldiges und belastbares Wesen ist. Wer lachen kann, und sei es über sich selbst, wird mit bedrohlichen Zeitläufen ungleich besser fertig, als wenn er sich ständig nur bemitleidet. Auch das habe ich im Lager gelernt – und nicht zuletzt deshalb versuche ich mit vielen meiner Geschichten, Kindern möglichst früh Gelegenheit zu geben, sich im Lachen zu üben."

1949 wird die Bundesrepublik gegründet und Otfried Preußler kommt nach Deutschland zurück, nach Bayern, in die Nähe von Rosenheim. Er wird erst einmal das, was seine Eltern waren: Volksschullehrer. Er leitet später sogar eine Volksschule in Rosenheim. Das ist ihm aber nicht genug; er wollte ja schon mit acht Jahren Schriftsteller werden. Bereits während seines Studiums hat er wieder geschrieben als Lokalreporter, um ein bisschen Geld zu verdienen. Er fängt nun an, neben der Schule zu schreiben: 1956 erscheint der „Kleine Wassermann". Dieses Buch wird sein erster großer Erfolg. „Die kleine Hexe", „Das kleine Gespenst" und „Räuber Hotzenplotz" folgen. Otfried Preußler wird einer der bekanntesten und erfolgreichsten Kinder- und Jugendbuchautoren Deutschlands.

Wie arbeitet Otfried Preußler? Viele seiner Geschichten entstanden im Alltag: Seinen drei kleinen Töchtern erzählte er am Abend selbst erfundene Geschichten, und als Lehrer erzählte er nicht selten einer unruhigen Klasse Geschichten, die er später aufschrieb und veröffentlichte. *rhetorische Frage = sprachliches Signal, das den Text gliedert*

Stellt euch vor, ihr würdet neben eurem „Beruf" als Schüler noch einen zweiten Beruf haben: Das wäre eine große Belastung! Bald verdient Otfried Preußler mit seinen Büchern so viel Geld, dass er mit 47 Jahren, 1970, den Lehrerberuf an den Nagel hängen kann. Er schreibt und schreibt, nach dem Motto, jedes Jahr ein Buch: insgesamt 32 Kinder- und Jugendbücher und dazu noch Hörspiele für den Rundfunk. Er sagt über seine Arbeitsweise: *Zuhörende werden angesprochen*

„Ich arbeite gern frühmorgens, wenn der Tag noch jung ist. Dann ziehe ich mit einem kleinen Diktiergerät los, denke mir Geschichten aus und spreche sie unterwegs auf Band. Gegen Mittag komme ich wieder nach Hause. Den Nachmittag verbringe ich am Schreibtisch, dort arbeite ich bis gegen 20 Uhr." Für ein Buch wie den „Hotzenplotz" brauchte er ca. ein Vierteljahr. An „Krabat" hat Otfried Preußler insgesamt zehn Jahre gearbeitet. *Informationen in ein Zitat eingebettet*

Ich glaube, dass Otfried Preußler so erfolgreich ist, weil er uns ernst nimmt. Er sagt:

„Ich habe die Überzeugung gewonnen, dass Kinder das beste und klügste Publikum sind, das man sich als

Geschichtenerzähler nur wünschen kann. Kinder sind strenge, unbestechliche Kritiker."

Und zum Schluss mein Tipp: Lest den Krabat, und wenn ihr ihn nicht lesen wollt, schaut den Film an.

Zuhörende werden angesprochen

Aufgabe 8 *Vergleiche deinen Text mit folgendem Referat über Enid Blyton und überprüfe, an welche Ratschläge du dich gehalten hast.*

Für euch könnte Enid Blyton uralt sein und graue Vergangenheit. Wer 1897 geboren wurde, ist fast schon Goethe. Ist sie aber nicht. Im Gegensatz zu Goethe werden ihre Bücher immer noch von vielen gelesen und zwar freiwillig.

Zuhörende angesprochen

überraschender Anfang

Die „Fünf Freunde"-Bücher, „Hanni und Nanni" oder „Dolly" haben schon fast ein Jahrhundert lang Kinder auf der ganzen Welt begeistert. Ungefähr eine halbe Milliarde Exemplare sind weltweit verkauft worden.

Enid Blyton wuchs mit ihren Brüdern in Beckenham auf, einem Vorort von London. Sie war eine begeisterte Leserin. Dass sie etwas Besonderes war, zeigte sich schon früh. Sie konnte eine Seite eines Buches lesen, die Augen schließen und dann den Text auswendig wiederholen. In Mathematik war sie zwar schwach, aber im Aufsatzschreiben übertraf sie so schnell niemand. Ihr Schreibtalent zeigte sich schon früh: Mit 14 Jahren gewann sie einen Gedichtwettbewerb. In ihrer Autobiografie sagt sie: „Mein Vorsatz, später einmal Schriftstellerin zu werden, stand bereits fest, als ich lesen lernte." Aber sie hatte noch ein anderes Talent: Sie konnte sehr gut Klavier spielen. Ihre Eltern meinten sogar, dass sie so gut spielen kann, dass sie Pianistin werden soll. Trotzdem schrieb sie weiter Gedichte und Geschichten. Sie schickt sie an Verlage. Ohne Erfolg: Hunderte ihrer Manuskripte wurden zurückgeschickt.

interessantes Detail

Als sie mit 18 die Schule abgeschlossen hatte, wusste sie aber eines: Sie wollte Bücher schreiben und mit Kindern zu tun haben. Sie machte erst einmal eine Ausbildung als Kindergärtnerin. Ihr Ziel, Bücher zu schreiben, verlor sie dabei aber nicht aus den Augen.

1922 erschien ihr erstes Buch. Da war sie 25 Jahre alt. *nur wenige, wesentliche*
Zwei Jahre später heiratete sie einen Verlagslektor, gab *Jahreszahlen*
ihre Arbeit auf und schrieb nur noch. Sie bekam zwei *kurze Hauptsätze*
Töchter. War die berühmteste Kinderbuchautorin eine *rhetorische Frage*
gute Mutter? Die Antwort ihrer Töchter ist erstaunlich:
Schon in ihrem Beruf sei ihr Verhältnis zu Kindern nicht
eng und warmherzig gewesen. Ihren eigenen Töchtern sei
sie eine lieblose und herrische Mutter gewesen, ja, eine
Biografie beschreibt sie als selbstsüchtige Tyrannin. Das
schien sie aber nicht daran zu hindern, erfolgreiche Kin-
derbücher zu schreiben.
1938 begann sie mit der „Insel der Abenteuer" die erste
ihrer Jugendbuchreihen, die sie zur erfolgreichsten Kinderbuchautorin der Welt machten. Im gleichen Jahr zog
sie nach Beaconfield, einem Landstädtchen nördlich von
London. Viele Tiere, Hunde, Katzen, Tauben, lebten dort
mit ihr. In Beaconfield lebte sie bis zu ihrem Tod. 1943
heiratete sie zum zweiten Mal.
In den 40er- und 50er-Jahren des vergangenen Jahrhunderts schrieb sie die meisten ihrer erfolgreichen Bücher.
Fast 700 Publikationen, Romane, Zeitungsartikel, pädagogische Aufsätze, Erzählungen, naturkundliche Schilderungen, Theaterstücke für Kinder und Filmdrehbücher, veröffentlichte sie im Laufe ihres Lebens. Wie konnte sie so vie- *rhetorische Frage*
le Bücher veröffentlichen? Wenn man sich ihre Arbeits-
weise ansieht, ist das nicht so erstaunlich: Sie konnte über
10 000 Wörter an einem Tag schreiben. Für ein langes
Buch, wie die „Insel der Abenteuer", brauchte sie sechs
Tage, ein „Fünf Freunde"-Buch schrieb sie in vier Tagen
und kürzere Bücher hatte sie nach zwei Tagen fertig.
Zu Beginn der 60er-Jahre bemerkte Enid Blyton, dass sie
sich nicht mehr so gut konzentrieren konnte und dass das
Gedächtnis nachließ: Sie erkrankte an Alzheimer und war
zum Schluss nicht mehr fähig, ihre Umwelt wahrzuneh-
men und vernünftig zu denken. 1968 starb sie an einem
Herzinfarkt. In ihren Geschichten lebt sie aber weiter.

Inhaltsangabe

ufgabe 9
- Kreatur: Geschöpf, Lebewesen; auch: verachtenswerter Mensch
- aufs Geratewohl: auf gut Glück, ohne zu überlegen
- Status: gesellschaftliche Stellung, Lage, Zustand
- Kontur: Umriss, Umrisslinie
- Toga: Obergewand für Männer im antiken Rom
- Tunika: langes weißes Gewand für Männer und Frauen im antiken Rom
- Sari: indisches Frauenkleid
- Kimono: langes japanisches Gewand
- Nofretete: Frau des Pharao Echnaton im alten Ägypten
- Kleopatra: letzte ägyptische Königin des Ptolemäerreichs
- inspiriert: angeregt, für etwas begeistert
- Trend: Entwicklungsrichtung
- Mieder: enganliegendes Oberteil der Frauenkleidung
- voluminös: umfangreich
- individuell: der Eigenart des Einzelnen entsprechend, persönlich
- Variation: Veränderung, Abwandlung
- feudale Gesellschaft: vom Lehnswesen geprägte mittelalterliche Gesellschaft
- Ambition: Ehrgeiz

fgabe 10
a) Der Name kommt vom römischen Bischof Valentin (3. Jahrhundert n. Chr.), der trotz eines Verbots Paare christlich traute und dafür hingerichtet wurde (Z. 11–21).
b) In der Antike wurden im Februar der Göttin Juno Blumen geopfert (Z. 27–29).
c) In der Vergangenheit war der Valentinstag ein Tag der Liebenden. In der Moderne wurde daraus ein Tag der Freundschaft und Familie (Z. 44/45).
d) Es sollte eigentlich keinen bestimmten Kalendertag brauchen, um jemandem zu sagen, dass man ihn mag (Z. 56–58).

fgabe 11 **Nacherzählung**
- Gleiches Erzähltempus wie Ausgangstext (in diesem Fall: Präteritum)
- Ich-Form („Mein Großvater ...")
- Anschauliche Verben und Adjektive („aufgeregt", „verkommen")
- Humorvolle Formulierungen („riesigen Zeigefinger", „Jubelschrei")

Inhaltsangabe

- Tempus: Präsens
- Er-Form
- Sachlicher Stil
- Nennung wichtiger Namen, Aufzeigen logischer Zusammenhänge

Aufgabe 12 a) **1. Erzählschritt:** Satz 1–2
2. Erzählschritt: Satz 3–4
3. Erzählschritt: Satz 5–9
4. Erzählschritt: Satz 10–11

b) Susanne hat am Morgen sehr viel Pech gehabt. **(1. Erzählschritt)**
Susanne erreicht nur knapp die Straßenbahn, die sie zum Büro bringt.
(2. Erzählschritt)
Sie lernt in der Straßenbahn Englisch und die Straßenbahn muss plötzlich
stoppen. Ein Hund ist auf die Gleise gelaufen. **(3. Erzählschritt)**
Sie erreichen den Bahnhofsplatz und Susanne kommt gerade noch rechtzeitig ins Büro. **(4. Erzählschritt)**

Aufgabe 13 **Obwohl** Susanne am Morgen sehr viel Pech gehabt hat, erreicht sie gerade
noch die Straßenbahn, die sie zum Büro bringt. **Während** sie Englisch lernt,
muss die Straßenbahn plötzlich stoppen, **da** ein Hund auf die Gleise gelaufen
ist. **Nachdem** sie den Bahnhofsplatz erreicht haben, kommt Susanne gerade
noch rechtzeitig ins Büro.

Aufgabe 14 a) **Da** es regnet, kommt das Auto von der Straße ab.
b) **Obwohl** der Fahrer angeschnallt ist, verletzt er sich.
c) Der Fahrer des nachfolgenden Wagens hat sein Handy dabei, **sodass** er
einen Krankenwagen rufen kann.
d) **Nachdem** der Krankenwagen gekommen ist, wird der verletzte Fahrer von
einer Notärztin versorgt.
e) **Da** seine Verletzungen sehr schwer sind, muss ein Rettungshubschrauber
gerufen werden.
f) **Während** sie auf den Rettungshubschrauber warten, bekommt der Verletzte
eine Infusion, **sodass** sein Kreislauf stabil bleibt.
g) **Da** der Rettungshubschrauber sehr schnell kommt, kann das Leben des Verletzten gerettet werden.

Aufgabe 15 A **Nicht gelungen**, da nur ein Erzählschritt wiedergegeben wird.
B **Nicht gelungen**, da zu allgemein formuliert.
C **Gelungen**, da das Wesentliche wiedergegeben wird.
D **Nicht gelungen**, da nur ein unwichtiger Aspekt wiedergegeben wird.

Aufgabe 16 a) **1. Erzählschritt** bis Zeile 23
2. Erzählschritt bis Zeile 38
3. Erzählschritt bis Zeile 58
4. Erzählschritt bis Zeile 68
5. Erzählschritt bis Zeile 106
6. Erzählschritt bis Zeile 119
7. Erzählschritt bis Zeile 141
8. Erzählschritt bis Zeile 157
9. Erzählschritt bis Zeile 169

b) **1. Erzählschritt:** Ein Mann, dessen einzige Freude und Lebenssinn die Eisenbahn ist, verbringt all seine Zeit auf dem Bahnhof. Er weiß den Fahrplan auswendig und auch sonst alles, was mit der Eisenbahn zusammenhängt.
2. Erzählschritt: Er beschäftigt sich mit nichts anderem. Beim Fahrplanwechsel verbringt er einige Wochen zu Hause. Er lernt den Fahrplan auswendig.
3. Erzählschritt: Wird er von Reisenden etwas gefragt, überschüttet er sie mit seinem Wissen und wird ärgerlich, wenn sie ihm nicht zuhören.
4. Erzählschritt: Er selbst fährt nie Zug. Er hält es für unnötig, da er die Zugstrecken im Gedächtnis gespeichert hat. Er meint, dass nur Menschen mit schlechtem Gedächtnis Zug fahren.
5. Erzählschritt: Er fängt an, Menschen, die Zug fahren wollen, zu beschimpfen und zu verprügeln, weil sie nicht begreifen wollen, dass Zugfahren überflüssig ist, wenn man den Fahrplan auswendig weiß.
6. Erzählschritt: Es wird ihm wegen seines Verhaltens mit Bahnhofsverbot gedroht. Er kann ohne den Bahnhof nicht leben und schweigt von nun an.
7. Erzählschritt: Im Bahnhof wird ein Auskunftsbüro eröffnet. Der Mann stellt fest, dass der Beamte alle seine Fragen zur Bahn beantworten kann. Er vergisst alles, was er über die Eisenbahn wusste.
8. Erzählschritt: Er fragt ihn nach der Anzahl der Stufen der Bahnhofstreppe. Der Beamte hat keine Antwort parat. Der Mann ist überglücklich und zählt nicht nur die Stufen der Bahnhofstreppe, sondern auch die der ganzen Stadt und merkt sich die Anzahl.

9. Erzählschritt: Er beginnt Zug zu fahren, um die Treppenstufen in der ganzen Welt zu zählen, um etwas zu wissen, was sonst niemand weiß.

c) Ein Mann, dessen einzige Freude und Lebenssinn die Eisenbahn ist und der **deswegen** den Fahrplan auswendig weiß und auch sonst alles, was mit der Eisenbahn zusammenhängt, verbringt all seine Zeit auf dem Bahnhof. Er beschäftigt sich mit nichts anderem, **nur** beim Fahrplanwechsel verbringt er einige Wochen zu Hause, **um** den Fahrplan auswendig zu lernen. **Wenn** er von den Reisenden etwas gefragt wird, überschüttet er sie mit seinem Wissen und wird ärgerlich, wenn sie ihm nicht zuhören.

Er selbst fährt nie Zug, **weil** er es für unnötig hält, da er die Zugstrecken im Gedächtnis gespeichert hat. Er meint, dass nur Menschen mit einem schlechten Gedächtnis Zug fahren.

Deswegen fängt er an, Menschen, die Zug fahren wollen, zu beschimpfen und zu verprügeln, weil sie nicht begreifen wollen, dass Zugfahren überflüssig ist, wenn man den Fahrplan auswendig weiß. Es wird ihm wegen seines Verhaltens mit Bahnhofsverbot gedroht. **Da** er ohne den Bahnhof nicht leben kann, schweigt er von nun an.

Als im Bahnhof ein Auskunftsbüro eröffnet wird, stellt der Mann fest, dass der Beamte alle seine Fragen zur Bahn beantworten kann. Er vergisst alles, was er über die Eisenbahn weiß. Er fragt ihn **aber** nach der Anzahl der Stufen der Bahnhofstreppe. **Da** der Beamte keine Antwort parat hat, ist der Mann überglücklich und zählt nicht nur die Stufen der Bahnhofstreppe, sondern auch die der ganzen Stadt und merkt sich die Anzahl. Er beginnt **sogar** Zug zu fahren, um die Treppenstufen in der ganzen Welt zu zählen, um etwas zu wissen, was sonst niemand weiß.

d) In der Kurzgeschichte „Der Mann mit dem Gedächtnis" von Peter Bichsel geht es um einen realitätsfernen Mann, dessen einziger Lebenssinn und einzige Lebensfreude darin besteht, etwas auswendig zu wissen, was sonst niemand weiß, wie zum Beispiel Eisenbahnfahrpläne oder die Zahl der Stufen von Treppen.

e) Eigentlich muss man mit dem Mann Mitleid haben, denn die Welt besteht für ihn nicht aus Menschen, sondern nur aus Zahlen, die er in seinem Gedächtnis aufbewahrt.

ufgabe 17 Die Kurzgeschichte „Ein ganz normaler Schultag" von Alexander Frank erzählt von einer Schülerin, die wegen ihrer Hörbehinderung und ihres Verhaltens zur Außenseiterin geworden ist.

Das Mädchen müsste, um überhaupt etwas zu hören, ihre Hörgeräte tragen, was sie aber nicht tut. Ihre Mutter ist traurig, weil sie weiß, dass sich dadurch die Rolle ihrer Tochter als Außenseiterin verschlimmert.

Ihre Hörbehinderung macht sie zur Außenseiterin in ihrer Schule, sodass ihr Wunsch, ihren Klassenkameraden Daniel näher kennenzulernen und mit ihm ins Schwimmbad zu gehen, nur ein Traum bleibt. Nach Schulschluss vermeidet sie es, gleichzeitig mit den anderen das Klassenzimmer zu verlassen, und in der Pause flüchtet sie vor ihren Mitschülern in die Toilette, da sie sich nur dort sicher fühlt. Aufgrund ihrer Behinderung hört sie den Schulgong nicht, sodass sie das Ende der Pause nicht wahrnimmt. Auch der Lehrer ignoriert sie, obwohl sie sich wünscht, wahrgenommen zu werden, und sei es nur durch Schimpfen.

Da sie mit ihrer Umwelt nicht zurechtkommt, zieht sie sich am liebsten in die Welt der Bücher und in sich zurück, sodass sie auf dem Heimweg beinahe von einem Auto überfahren wird.

ufgabe 18 In dem Text „Nicht versetzt" von Peter Weiß beschreibt der Ich-Erzähler, wie seine Angst, den Eltern zu gestehen, dass er sitzengeblieben ist, sich durch eine glückliche Fügung in Nichts auflöst.

Als er nach vielen Überlegungen und Umwegen mit seinem Zeugnis nach Hause kommt, liest Fritz, ein Bekannter der Familie, der gerade zu Besuch ist, als Erster das Zeugnis, während die Eltern besorgt dabeistehen. Fritz rettet die Lage, indem er erklärt, selbst mehrmals sitzengeblieben zu sein. Da er offensichtlich dennoch ein erfolgreicher Mann geworden ist, ist der Ich-Erzähler erleichtert und seine Eltern können ihm nicht böse sein.

ufgabe 19 **Erzählschritt 1:** Strophe 1
Erzählschritt 2: Strophe 2–4
Erzählschritt 3: Strophe 5
Erzählschritt 4: Strophe 6–13
Erzählschritt 5: Strophe 14–19
Erzählschritt 6: Strophe 20

Aufgabe 20

Satz a: Strophe 5
Satz b: Strophe 1
Satz c: Strophe 6–13
Satz d: Strophe 2–4
Satz e: Strophe 14–20

Der lange Mittelteil, der in acht Strophen von den Gefahren auf Damons Weg erzählt, wird in einem Satz zusammengefasst – die erste Strophe zum Beispiel wird dagegen in einem eigenen Satz behandelt. Je nach Wichtigkeit wird das Geschehen also knapper oder ausführlicher zusammengefasst.

Aufgabe 21

A Dieser Einleitungssatz gibt nicht die Kernaussage wieder, sondern fasst den Inhalt zusammen. Dabei hält sich der Schreiber zu sehr an die Formulierungen der Vorlage.

B Verstehst du den Satz? Der Schreiber erkennt zwar, dass es um die Freundschaft geht, formuliert es aber nicht klar. Der Einleitungssatz ist also nicht gelungen.

C Dieser Einleitungssatz trifft die Kernaussage am besten.

D Dieser Einleitungssatz ist zu allgemein.

E Dieser Einleitungssatz trifft nicht die Hauptsache. Was gesagt wird, ist richtig: Der Mittelteil wird dadurch gut charakterisiert, aber nicht die Kernaussage der ganzen Ballade.

Aufgabe 22

Der Hexenmeister ~~geht weg~~ **verlässt das Haus**, und der Lehrling nützt diese Chance ~~aus~~ und zaubert sich einen Besen, ~~der mit einem Kopf und Beinen ausgestattet ist~~ **besser: der Wasser ins Haus tragen kann**. Er beauftragt den Besen, für ihn Wasser zu holen, denn er möchte ein Bad nehmen. ~~Doch als der Lehrling unglücklicherweise den Zauberspruch für das Ende des Desasters vergisst~~ **besser: Als der Besen genügend Wasser gebracht hat, will ihn der Lehrling stoppen, hat aber den Zauberspruch vergessen** ~~und das ganze Haus unter Wasser steht, bekommt er seine Wut.~~ **besser: Als das ganze Haus überschwemmt wird, ist der Lehrling verzweifelt,** ~~Daraufhin stürzt er sich auf den Holzgegenstand und hackt ihn mit dem Beil entzwei.~~ **besser: … sodass er**

besser: weglassen

ihn mit einem Beil zerhackt. ~~Aber plötzlich wird ihm klar, dass vor ihm schon wieder ein Knecht steht.~~ **besser: Aus den Holzstücken entstehen aber neue Besen, die noch mehr Wasser ins Haus bringen.** Als er keine Lösung mehr weiß, ruft er seinen Meister, der ~~auch schon bei dem Haus angetroffen ist und~~ mit dem passenden Zauberspruch den Spuk wieder auflöst.   *besser: weglassen*

Johann Wolfgang von Goethe, ~~der Balladenschreiber~~, will   *besser: weglassen*
mit der Ballade „Der Zauberlehrling" sagen, dass man lieber nur das macht, was man kann, und das, was man nicht kann, lieber ~~gehenlassen~~ **bleibenlassen** soll. **(Dieser Basissatz gehört an den Anfang.)**

Beispiel für eine gute Inhaltsangabe:
Die Ballade „Der Zauberlehrling" von Johann Wolfgang von Goethe handelt von einem Zauberlehrling, der seine Zauberkräfte überschätzt und nur durch die Hilfe seines Hexenmeisters einer Katastrophe entgeht.

Als der Hexenmeister eines Tages das Haus verlässt, bringt der Zauberlehrling einen Besen durch einen Zauberspruch dazu, Wasser vom Fluss ins Haus zu tragen. Nachdem genug Wasser ins Haus gebracht worden ist, will der Lehrling den Besen stoppen, hat aber den Zauberspruch vergessen. Während der Zauberlehrling immer verzweifelter wird, schleppt der Besen so viel Wasser ins Haus, dass alles überschwemmt wird. Wütend zerhackt der Zauberlehrling den Besen und hofft, damit den Zauber aufgehoben zu haben. Die Besenteile erwachen jedoch zu neuem Leben und schleppen noch mehr Wasser ins Haus. In seiner Verzweiflung ruft er den Meister zu Hilfe, der schließlich mit einem Gegenzauber den Besen stoppt.

Aufgabe 23 a) Wo leben die Schneeaffen? (siehe Z. 1 ff.)
Was ist das Besondere an diesen Affen? (siehe Z. 7 ff.)
Wie können sie im Winter überleben? (siehe Z. 32 ff.)
Wofür sind die Schneeaffen berühmt? (siehe Z. 46)
Wie schnell setzen sich neue Erfindungen bei den Schneeaffen durch? (siehe Z. 62 ff.)

b) Fritz Jantschke, Auch Affen lieben heiße Bäder!

1 Winter in Japan. Seit Tagen schneit es in den Shiga-Bergen, einige hundert Kilometer nördlich der Hauptstadt Tokio. Eigentlich ein Wetter für Schneehasen und Eis-
5 bären, und nicht für Affen! Aber die Rotgesichtsmakaken, mit den Berberaffen Nordafrikas die nördlichsten Vertreter der Herdentiere, sind so gut an diese Verhältnisse angepasst, dass sie oft auch als
10 Schneeaffen bezeichnet werden.

Ihr dichter Pelz, in dem sie wie kleine Bären aussehen, schützt sie gut gegen das ungemütliche Wetter. Wie eine Haube bleibt der Schnee, der in dicken Flocken
15 auf sie fällt, auf ihnen liegen. Wegen des isolierenden Felles schmilzt er nicht.

Aber die Schneeaffen verlassen sich nicht nur auf ihren Winterpelz. Im Höllental des Nagano-Bezirks gibt es nämlich
20 etwas Ungewöhnliches: warme Quellen! Tausende von Touristen nehmen während des Sommers heilsame Bäder darin. Doch auch die Schneeaffen wissen, was gut ist: Längst haben sie entdeckt, wie
25 angenehm diese Schwitzbäder sind, vor allem im Winter! Eher durch einen Zufall kam es zu dieser hervorragenden „Erfindung". Es waren fünf Jungtiere, die sich vor etwa 20 Jahren einfach so zum
30 Spaß in das Wasser setzten. Mm, das tat gut! So gut, dass ihre Artgenossen es ihnen nachmachten. Heute halten sich die Schneeaffen oft tagelang in den warmen Quellen auf. Sie verlassen sie nur kurz,
35 um sich im Schnee Futter zu suchen. Doch auch in dieser Beziehung geht es ihnen gut: Tierfreundliche Japaner helfen den Affen seit Jahren über die Winter-

monate, indem sie ihnen etwas zuwerfen.
40 Mit Süßkartoffeln und Erdnüssen gesättigt, kehren die Tiere rasch in das wohlig warme Bad zurück. Sie fühlen sich darin inzwischen so heimisch, dass sie sich im Wasser sogar gegenseitig das Fell pflegen.

45 Japans Rotgesichtsmakaken sind seit Jahren berühmt für ihre Lernfähigkeit! Dafür gibt's noch andere eindrucksvolle Beispiele: So verwendete eines Tages ein Affe beim Waschen einer Kartoffel statt
50 Süßwasser das salzige Meerwasser. Und siehe da: Die Kartoffel schmeckte plötzlich besser! Diese Erfindung wurde von anderen Tieren beobachtet, und bald salzten alle ihre Kartoffeln auf diese Weise …!
55 Eine weitere Mode machte rasch die Runde im Affenvolk: Sie trennten Weizen von Sand, indem sie beides ins Wasser warfen und die leichten Körner von der Oberfläche abfischten.

60 Wie schnell setzt sich ein neues Verhalten, eine neue Erfindung in der Affenfamilie durch? Die Antwort hängt vom Alter des „Erfinders" ab. Ein Beispiel: Als einer Gruppe Bonbons angeboten wur-
65 den, nahm mehr als die Hälfte der Jungtiere die Süßigkeiten sofort. Aber nur eines von 66 Weibchen und drei von 37 Männchen. Nach einem Jahr aßen 92 % der Jungen die Bonbons, etwa die Hälfte
70 der Weibchen und ein Prozent der Männchen. Ein bisschen ist's wie bei den Menschen. Die jungen Tiere sind am ehesten bereit, neue Moden mitzumachen. Erwachsene Männchen dagegen sind in
75 der Regel „konservativ". Bei ihnen dauert es am längsten, Neues anzunehmen.

Quelle: Treff, Das Schülermagazin für Jungen und Mädchen, Nr. 1, Januar 1997, S. 6 ff.

Aufgabe 24   a) In seinem Artikel „Auch Affen lieben heiße Bäder!" beschreibt Fritz Jantschke eine japanische Affenart. Diese zeichnet sich durch ihre außergewöhnli-
che Lernfähigkeit aus, welche ihnen das Leben in klimatisch extremen Ver-
hältnissen ermöglicht.

b) In den japanischen Shiga-Bergen leben die Rotgesichtsmakaken. Sie sind die
nördlichsten Vertreter ihrer Art. Sie sind gut an die winterlichen Verhältnisse
angepasst. Man nennt sie auch Schneeaffen.
Ihr dichter Pelz schützt sie gegen Kälte und Schnee.
Im Nagano-Bezirk gibt es warme Quellen. Im Winter baden die Affen in ihnen. Jungtiere haben das entdeckt.
Sie verlassen die Quellen nur, um Futter zu suchen. Tierfreundliche Japaner
werfen den Affen während der Wintermonate Futter zu.
Aber auch in anderen Dingen zeigt sich die Lernfähigkeit der Affen. Ein Affe
entdeckte, dass mit Meerwasser gewaschene Kartoffeln besser schmecken.
Jetzt salzen alle Affen ihre Kartoffeln. Sie trennen Weizen von Sand. Sie
werfen beides ins Wasser und fischen den leichteren Weizen ab.
Bei den Affen übernehmen die jungen Tiere am schnellsten neue Erfindungen, am langsamsten sind erwachsene Männchen.

c) In den japanischen Shiga-Bergen leben die Rotgesichtsmakaken, die als
nördlichste Vertreter ihrer Art so gut an die winterlichen Verhältnisse angepasst sind, dass man sie auch Schneeaffen nennt.
Ihr dichter Pelz schützt sie gegen Kälte und Schnee.
Im Nagano-Bezirk gibt es warme Quellen, in denen die Affen besonders im
Winter baden, nachdem Jungtiere vor Jahren die angenehme Wärme entdeckt haben.
Sie verlassen die Quellen nur, um Futter zu suchen, das ihnen unter
anderem von tierfreundlichen Japanern während der Wintermonate zuge-
worfen wird.
Aber auch in anderen Dingen zeigt sich die Lernfähigkeit der Affen: Nachdem ein Affe entdeckt hatte, dass mit Meersalz gewaschene Kartoffeln besser
schmecken, salzten bald alle ihre Kartoffeln. Sie trennen Weizen von Sand,
indem sie beides ins Wasser werfen und den leichteren Weizen abfischen.
Bei den Affen übernehmen die jungen Tiere am schnellsten neue Erfindungen, während die erwachsenen Männchen am langsamsten sind.

Aufgabe 25   a) Fortbewegung und Ernährung
b) Aufzucht der Jungen

Aufgabe 26 In dem Artikel „Ritter, Burgen und Burgfräulein" stellt der Verfasser wesentliche Funktionen einer mittelalterlichen Burg sowie das Leben darin vor.

Burgen sind in erster Linie Verteidigungsanlagen und auf diese Funktion ist auch deren Bauweise ausgerichtet: Sie sind meist auf Bergen gebaut, sodass der Anmarsch für Feinde schwierig ist und Angreifer leicht entdeckt werden können. Hohe Mauern, Wehrgänge, mit Wasser gefüllte Burggräben, Zugbrücken und Fallgatter sollen das Eindringen der Feinde in die Burg verhindern. Wenn diese Hindernisse überwunden sind, sind die Feinde auf dem Innenhof zwischen Außen- und Innentor, dem sogenannten Zwinger, den Geschossen der Verteidiger ausgesetzt. Nach der Überwindung des Innentors kann sich die Burgbesatzung immer noch in den Bergfried, den höchsten Turm der Burg, retten. Burgen sind zudem Wohnsitze der Adeligen und des Gesindes, Mittelpunkt der Verwaltung und oft auch des Gerichtswesens. Daneben sind sie aber auch Wirtschaftsbetriebe, in denen für die Ernährung der Burginsassen gesorgt wird und Vorräte für den Kriegsfall gelagert werden. Zahlreiche Handwerker sorgen für die Instandhaltung der Burgen. Darüber hinaus sind Burgen Mittelpunkte der höfischen Unterhaltung: Es werden dort Feste gefeiert, fahrende Musikanten und Minnesänger unterhalten durch ihre Darbietungen die Burgbewohner und es werden für die Ritter lebensgefährliche Turniere abgehalten. Nicht zuletzt werden in den Burgen auch die Söhne der Adeligen auf ihr späteres Leben als Krieger vorbereitet. Burgen sind zwar prächtig anzuschauen, aber sehr unbequem zum Leben. Sie sind dunkel, da es nur kleine Fenster gibt und unzureichende Beleuchtung. Mit Ausnahme der Küche und des Frauengemachs sind sie im Winter zudem sehr kalt. Oft ist das Bett, das man sich häufig mit mehreren teilte, der einzig warme Ort.

Der Verfasser zieht so das Resümee, dass ein moderner Mensch, der in einer Burg leben müsste, sehr schnell das bequeme, wenn auch unromantische moderne Leben vermissen würde.

Aufgabe 27 Der Sachtext „High Tech für die Füße" ~~ist vom Autor Martin Verg und~~ **besser: von Martin Verg** stammt aus der ~~Quelle~~ **besser: Jugendzeitschrift** Geolino Nr. 9/2002. Es wird ~~erzählt~~ **berichtet**, ~~wie die Geschichte der Schuhe ist und manche Leute sie revolutioniert haben~~ **besser: dass sich die Sportschuhe revolutionär entwickelt haben.**

David Beckham verblüfft die Menschen ~~mit ausgefallenen Frisuren und vor allem mit neuen Schuhen, indem er ein spezielles Obermaterial verwendet, wodurch David seinen~~

besser: auf das Wesentliche reduzieren!

~~Pässen einen besonderen Schnitt geben kann und durch die Sohle und die Stollen fest auf dem Rasen steht.~~ **besser: Der Fußballer David Beckham verblüfft mit immer neuen eleganten Fußballschuhen, die ihm helfen, hervorragend zu spielen.**

~~Doch Sportler tragen bis weit ins 20. Jahrhundert~~ **besser: Im Gegensatz zu Beckham trugen Sportler früher …** Klötze an den Füßen, die ~~meist~~ **besser: manchmal** mehr als ein Kilogramm ~~wiegen~~ **besser: wogen**, bis Charles Goodyear im Jahr 1839 das Gummi ~~erfindet~~ **besser: erfand**, ~~das Techniker, Ingenieure und Schuster beflügelt, weil das Gummi viel elastischer und widerstandsfähiger ist.~~ **besser: das die Herstellung leichter und trotzdem haltbarer Sportschuhe ermöglicht.** Danach kommen noch ~~viele~~ **viel** leichtere Turnschuhe auf den Markt. Die Turnschuh-Industrie verwendet ~~ab sofort Hightech-Materialien wie „Ethylenvinylacetat" oder andere Polster, die jeden Stoß dämpfen, sowie kleine Kissen, die mit Gas oder Gel gefüllt sind.~~ **besser: Die Turnschuhindustrie verwendet heute neue Hightech-Materialien, die die Trageeigenschaften der Schuhe noch weiter verbessern.** Weil nicht nur Sportler Turnschuhe tragen, ~~werden in den USA allein an Kinder und Jugendliche 107 Millionen Paar verkauft. Weil die Hersteller möchten, dass das so bleibt, lassen sie deshalb bessere Polster, grellere Designs oder Schrittzähler und Miniluftpumpen einbauen.~~ **besser: Der Sportschuh ist der Schuh für den Alltag der Jugendlichen geworden, der in großen Stückzahlen verkauft wird. Damit das so bleibt, verbessern die Hersteller jedes Jahr die Schuhe oder ändern das Design.**

Die Sportschuhe sind oft sehr teuer, da Werbung und Entwicklung viel kosten; dafür wird an der Bezahlung der Arbeiter gespart.

~~Da die Produktion in Billiglohnländern stattfindet, bezahlen die Firmen nur wenige Cent pro Arbeiter, obwohl sie dann diese Schuhe für meist 150 Euro verkaufen.~~ **besser: Die Arbeiter müssen zudem lange arbeiten und sind sozial nicht abgesichert; dagegen gibt es in den USA**

Marginalien:

Logik des Anschlusses?

sachlich falsch

Tempusfehler

Formulierungen zu nah am Text; überflüssige Details

sachlich falsch

zu nah am Text, überflüssige Details

zu nah am Text, überflüssige Details

wichtige Information fehlt

wichtige Information fehlt

zu nah am Text; unsinnige logische Verknüpfung der Informationen

und Europa Proteste. ~~Aber weil das Spezial-Gas in den Schuhen den Treibhauseffekt um das 2 500-fachige wie Kohlendioxid verstärkt, werden die Schuhe für Turnhallenböden oder Sportplatzbeläge verwendet.~~ **besser: Bei der Herstellung der Turnschuhe werden oft umweltschädliche Materialien verwendet. Durch Recycling der Schuhe soll die Umweltbelastung vermindert werden.**

unlogische Verknüpfung, Ausdrucksfehler

Hier zum Vergleich ein Schüleraufsatz, der mit der Note Eins bewertet wurde:

Der vorliegende Sachtext „Hightech für die Füße" von Martin Verg wurde in der Kinder- und Jugendzeitschrift „Geolino" veröffentlicht. Der Text beschreibt, wie sich der einfache Sportschuh der Vergangenheit zum Hightech-Schuh der Gegenwart entwickelte.

Der Fußballstar David Beckham trägt immer neue, elegante Fußballschuhe, die ihm helfen, hervorragend Fußball zu spielen. In früheren Zeiten und bis weit ins 20. Jahrhundert hinein dienen Sportschuhe jedoch vor allem dem Schutz der Füße und haben bei bis zu einem Kilogramm Gewicht keinerlei Tragekomfort. Doch nachdem Charles Goodyear 1839 das Gummi erfunden hat, werden bald leichtere Schuhe produziert, die bis heute immer weiterentwickelt werden. Neuerdings werden Hightech-Materialien zur Herstellung verwendet, sodass die Schuhe einen hohen Tragekomfort haben und deshalb auch als Alltagsschuhe, besonders für Jugendliche, millionenfach verkauft werden. Obwohl die Schuhe heutzutage meist in Billiglohnländern unter schlechten Arbeitsbedingungen produziert werden, sind sie sehr teuer, da die Hersteller viel in die Entwicklung neuer Modelle und die Werbung investieren. Gegen die Ausbeutung der Arbeiter in den Billiglohnländern ist im Westen protestiert worden, an der Produktionsweise hat das aber vorerst nichts geändert. Zudem werden die Schuhe oft aus umweltschädlichen Materialien hergestellt. Um die Umweltschädlichkeit zu reduzieren, recycelt man außerdem alte Sportschuhe und macht aus ihnen Turnhallenböden oder Sportplatzbeläge.

Protokoll

fgabe 28 VORSITZENDE SILVIA THIELSEN: ~~Ich möchte jetzt ein anderes Problem zur Spra-che bringen. In der~~ letzten Saison ~~hatten wir immer wieder~~ Probleme, ~~dass sich~~ Spieler rüpelhaft ~~benommen und~~ gegnerische Spieler beschimpft ~~haben. So hat beim~~ Spiel gegen die Dödesheimer ~~einer unserer Spieler dem Torwart zugeru-fen, dass sein Kopf und der Ball sich sehr ähnlich seien, beide seien hohl (Zwi-schenruf von Peter Oechsner: Das ist geschmeichelt.), und Hans Sachslehner hat im selben Spiel einem gegnerischen Angreifer vorgeschlagen, in Zukunft doch lieber im Kinderschwimmbecken zu spielen. Auch wenn die~~ beleidigten Spieler sich nicht offiziell beschweren, ~~dürfen wir das~~ nicht zulassen. Wasser-ball ~~muss ein~~ faires Spiel bleiben, ~~bei dem der~~ Gegner geachtet ~~und nicht beschimpft wird~~.

fgabe 29 Abk. = Abkürzung; dt. = deutsch; i. d. R. = in der Regel; sog. = sogenannt; Aufs. = Aufsatz; Ergebn. = Ergebnis; internat. = international; v. = von; allg. = allgemein; Ggs. = Gegensatz; Kl. = Klasse; Einf. = Einführung; bes. = besonders; frz. = französisch; Lit. = Literatur; Tb. = Taschenbuch; chin. = chinesisch; Gramm. = Grammatik; zus. = zusammen; Tab. = Tabelle

fgabe 30
- Vorsitz. Silvia Thielsen: Dank d. Mitgl. f. Kommen z. Bespr. Sais.auftakt, ~~V~~ nur wenige
- wicht. Frag. 1. Problem, wie oft Schwimmh. → Trainingszeit
- 2. Probl.: weibl. Wasserb.mannsch. → Wunsch vieler
- Vorst.: ja → Vereinssatz. ändern

fgabe 31 Die Vorsitzende Silvia Thielsen weist auf ein anderes Problem hin. Der Sprung-turm sei nicht in Ordnung, er brauche dringend einen neuen Anstrich. Das Pro-blem sei, dass nur 250 € zur Verfügung stünden, die Gesamtkosten sich aber auf 1 000 € beliefen. Sie schlägt als Lösung vor, eine Tombola beim diesjähri-gen Vereinsfest zu veranstalten. Der Erlös werde ausreichen, den Anstrich und sogar eine neue Videokamera zu finanzieren.

Aufgabe 32	Frau Günter:	nächster Mittwoch Wandertag
		2 Vorschläge:
		zu Fuß zum Zabelstein
		mit Zug nach Würzburg, Residenz, Stadtbummel
		sie: für Zabelstein, Wandertag → kein Zug- oder Bummeltag
	Melanie:	mit Eltern oft auf Z.
		bei vielen ähnl. → beliebtes Ausflugsziel
		viel Betrieb
	Peter:	noch nie auf Z.
		Interesse
		hoher Turm, gute Aussicht
		Spaß
	Patricia:	schöne Aussicht kein Grund
	Janine:	blödes Argument
		die meisten: kennen Wü. + Residenz
		sie: kein Interesse für Kunst
		Stadtbummel: einkaufen ≠ mögl., Café: überteuerte Cola
		Z. lieber als Tag in Schule
	Martin:	Z. billiger als Wü.
		muss v. Taschengeld bezahlen
		keine Lust, so viel zu zahlen
		für Z.
	Frau Günter:	für den Z.
		W.tag → in die Natur
		Wü.fahrt: Schwierigkeiten mit Direktor: nicht genehmigen
		Kompromiss:
		W.tag auf Z.
		Exkursionstag: nach Nürnberg fahren
		N. kennen noch nicht so viele
	Christina:	darüber abstimmen
	Frau Günter:	für den Kompromissvorschlag?
		25 Stimmen
		6 Stimmen dagegen

Aufgabe 33   Die Klassenleiterin, Frau Günter, teilt der Klasse mit, dass am nächsten Mittwoch Wandertag **sei**. Zwei Vorschläge **seien** bereits gemacht worden. Man **könne** zum Zabelstein wandern oder mit dem Zug nach Würzburg fahren, die Residenz besuchen und anschließend einen Stadtbummel machen. Sie unterstreicht, dass sie für die Wanderung auf den Zabelstein **sei**, denn ein Wandertag **sei** ein Wandertag und kein Zug- oder Bummeltag.

Aufgabe 34
a) Er klagt, dass er morgen keine Zeit habe / er habe morgen keine Zeit.
b) Er wiederholt, dass Christoph das tun müsse / Christoph müsse das tun.
c) Er stellt fest, dass die Wanderung zu viel koste / die Wanderung koste zu viel.
d) Der Direktor legt fest, dass die Exkursion nicht stattfinden könne / die Exkursion könne nicht stattfinden.
e) Der Vorsitzende fasst zusammen, dass die Vereinsmitglieder das Richtige getan hätten / die Vereinsmitglieder hätten das Richtige getan.
   (Hier brauchst du die Ersatzform Konjunktiv II.)
f) Frau Müller entgegnet, dass sie doch nicht in Socken durch die Straßen renne / sie renne doch nicht in Socken durch die Straßen.
g) Christoph bestätigt, dass das ihnen nicht geholfen habe / das habe ihnen nicht geholfen.
h) Benjamin wiederholt, dass das ein schöner Ausflug gewesen sei / das sei ein schöner Ausflug gewesen.
i) Er verspricht, dass die Mitgliedsbeiträge nicht stiegen / die Mitgliedsbeiträge stiegen nicht. (Hier brauchst du die Ersatzform Konjunktiv II oder als Alternative: … die Mitgliedsbeiträge *würden* nicht steigen; der Konjunktiv II kann auch mit *würde* gebildet werden.)
j) Herr Ott kündigt an, dass sie im Februar den Test schrieben / sie schrieben im Februar den Test. (Hier brauchst du die Ersatzform Konjunktiv II oder als Alternative: … dass sie im Februar den Test schreiben *würden*.)
k) Lisa fragt, ob sie einen Fehler gemacht habe.
l) Lisa fragt Hans, ob er nach Würzburg fahre.
m) Christine fragt Hans, wohin er gehe.

Aufgabe 35
a) Benjamin wiederholt, da nicht hingehen zu wollen.
b) Christine bestätigt, das Richtige gefunden zu haben.
c) Herr Müller fordert die Kinder auf, endlich Ruhe zu geben.
d) Frau Thielsen erklärt, nicht gekommen zu sein, um sich zu langweilen.
e) Martin beteuert, das nicht gemacht zu haben.

Aufgabe 36 a) Nach Herrn Müllers Feststellung hat der Verein noch genügend Geld in der Kasse.

b) Nach Juttas Erklärung kommt diese Gattung sehr selten in der freien Wildbahn vor.

c) Nach Aussage von Herrn Klatt ist Las Palmas eine sehr schöne Stadt.

d) Nach der Erklärung Melanies kann das so nicht laufen.

e) Nach Eingeständnis des Angeklagten hat er den Diebstahl begangen.

Aufgabe 37 In der Klassensprecherversammlung, auf der alle Klassensprecher außer Fred Maier (7 c) anwesend waren, wurde trotz Einwänden wegen der hohen Kosten die Organisation eines Open-Air-Festivals beschlossen. Bernd Schmitt wurde beauftragt, Versicherungsfragen zu klären.

Herr Morlein wurde zum Vertrauenslehrer gewählt.

Ohne Ergebnis wurde über die Gründung einer Schülerzeitung diskutiert. Die Frage soll in der nächsten Klassensprecherversammlung wieder aufgegriffen werden.

Aufgabe 38 **Aufgabe 34:** klagen, wiederholen, feststellen, festlegen, zusammenfassen, entgegnen, bestätigen, versprechen, ankündigen, fragen

Aufgabe 35: auffordern, erklären, antworten, beteuern

Aufgabe 36: eingestehen

neue Redeeinleitungen: kritisieren, verweisen, erläutern, argumentieren, informieren, vortragen, vorbringen, zugeben, formulieren, zum Ausdruck bringen, referieren, einwenden, äußern, berichten, erwähnen.

Aufgabe 39 a) Herr Müller kündigt an, dass wir die Klassenarbeit in einer Woche schreiben würden.

b) Herr Müller fasst zusammen, die Klasse habe heute folgende Kommaregeln besprochen.

c) Herr Ott entgegnet, dass er seinen Argumenten nicht folgen könne.

d) Herr Müller gibt bekannt, die Ausstellung finde im Medienraum statt.

e) Herr Müller informiert, dass sich die Regeln der Zeichensetzung verändert hätten.

gabe 40 **Stundenthema:** Lerntechniken

Tagesordnung:

1. Lernkanäle
2. Kurz- und Langzeitgedächtnis
3. Konzentration und Motivation

Zu TOP 1 Herr Müller erklärte, dass es drei Wege gebe, um Informationen im Gedächtnis zu speichern:

a) Lernen durch Hören,

b) Lernen durch Sehen,

c) Lernen durch Handeln.

Er erklärte, wie man praktisch vorgehen könne. Man solle sich selbst den Lernstoff veranschaulichen, z. B. durch Suchen nach Beispielen, Abbildungen oder Modellen, und man solle viele Lernkanäle verwenden. Aktiv sein könne z. B. darin bestehen, dass man im Text wesentliche Aussagen unterstreiche.

Zu TOP 2 Herr Müller erläuterte das Kurz- und Langzeitgedächtnis. Das Problem sei, den Lernstoff vom Kurz- ins Langzeitgedächtnis zu überführen. Man müsse nach einigen Tagen, wenn die Vergessenskurve auf dem Tiefpunkt sei, wiederholen. Für die Lernplanung sei ein Lernplan nützlich.

Bettina Büttner wendete ein, dass man oft keine Zeit habe, um zu wiederholen. Darauf unterstrich Herr Müller, dass man den Lernstoff verteilen müsse, da das Gedächtnis nur begrenzt aufnahmefähig sei. Er zog praktische Folgerungen:

a) Man müsse den Lernstoff zeitlich verteilen.

b) Man müsse Pausen während des Lernens machen, besonders wenn der Lernstoff ähnlich sei.

Zu TOP 3 Herr Müller wies darauf hin, dass zwei Dinge für das Lernen wichtig seien:

a) Zum einen die Konzentration, die wiederum abhängig sei von der Motivation.

b) Zum anderen die Stärke des Willens, mit dem etwas gelernt werde.

gabe 41 Frau Günter erklärt, dass für den Wandertag am nächsten Mittwoch zwei Vorschläge vorliegen. Es werde vorgeschlagen, auf den Zabelstein zu wandern oder mit dem Zug nach Würzburg zu fahren und nach dem Besuch der Residenz durch die Stadt zu bummeln. Sie sei für die Wanderung auf den Zabelstein.

Auf Melanies Einwand, dass viele schon auf dem Zabelstein gewesen seien und dieses Ausflugsziel oft überfüllt sei, antwortet Peter, dass ihm die Wanderung wegen des Aussichtsturms Spaß machen würde. Patricia erwidert, nicht an der schönen Aussicht interessiert zu sein.

Janine setzt sich gegen die Fahrt nach Würzburg ein. Ihrer Meinung nach kennen die meisten Würzburg und sind nicht an Kunst interessiert. Sie wendet weiter ein, dass ein Stadtbummel zu teuer ist. Martin unterstützt ihre Argumentation; auch für ihn sei Würzburg zu teuer.

Auf den Kompromissvorschlag von Frau Günther, am Exkursionstag nach Nürnberg zu fahren, am Wandertag aber auf den Zabelstein zu steigen, geht die Klasse ein. Der Vorschlag wird mit 25 gegen 6 Stimmen angenommen.

Aufgabe 42 ### Protokoll 1

Thema der Stunde
Besprechung von Goethes Ballade „Der Zauberlehrling"

Tagesordnung
TOP 1   Begrüßung und Organisatorisches
TOP 2   Der Inhalt von Goethes Ballade „Der Zauberlehrling"
TOP 3   Kennzeichen der Ballade
TOP 4   Die wesentlichen Strukturen der Ballade „Der Zauberlehrling"
TOP 5   Übertragung der Botschaft der Ballade auf die heutige Welt
TOP 6   Hausaufgabe

Aufgabe 43 ### Protokoll 2

Zu TOP 1

Am Anfang begrüßt Frau Schneider die Schüler ~~der Klasse~~ *überflüssig*
~~7b~~ und ~~als Nächstes~~ ~~wird von ihr angekündigt~~ **besser:** *überflüssig/besser Aktiv*
kündigt an, dass die nächste Schulaufgabe am 2. 12. 20XX
geschrieben wird.

Zu TOP 2

~~Nun hören wir~~ **besser: Nun hört die Klasse** eine   *keine Wir-Form*
Aufnahme der Ballade „Der Zauberlehrling" von Johann
Wolfgang von Goethe. ~~Der Sprecher trägt die Ballade~~   *überflüssig*
~~schnell und lustig vor. Von Frau Schneider wird als~~   *Wiederholung/besser*
~~Nächstes ein Arbeitsblatt ausgeteilt~~ **besser: Frau**   *Aktiv*
Schneider teilt ein Arbeitsblatt aus, auf dem der Text

des „Zauberlehrlings" steht. ~~Einige Schüler lesen darin herum, obwohl Frau Schneider es nicht verlangt hat.~~

überflüssig, unwesentlich

(Es fehlt die knappe Zusammenfassung des Inhalts.)

Zu TOP 3

Es wird eine Folie gezeigt, auf der Frau Schneider die Merkmale einer Ballade, wie zum Beispiel, dass sie in Reimen geschrieben ist und dramatische Elemente ~~enthält, festhält.~~ **besser: Mithilfe einer Folie zeigt Frau Schneider die Merkmale einer Ballade.** Außerdem erklärt sie der Klasse, dass das Wort Ballade aus dem Französischen stammt und ursprünglich ein ~~Trauertanz~~ war. Die Schüler schreiben alles ins Heft. Abschließend wird noch erwähnt, dass die Ballade eine Mischform zwischen Drama und Erzählung ist.

umständlich

fehlt: Erzählgedicht mit erkennbarem zeitl. Ablauf

Wiederholung

sachlich falsch

fehlt: Gedicht; Merkmale einer Ballade

Zu TOP 4

Die Schüler ~~schauen sich jetzt die Ballade genauer an~~ und besprechen mit der Lehrerin, ~~dass der Zauberlehrling am Anfang mit sich selbst spricht, danach mit seinem Besen und zum Schluss mit dem Meister. Außerdem wird festgehalten, dass es am Anfang nur ein Besen war und zum Schluss zwei und dass es so gesprochen und geschrieben ist, dass man denken kann, es wären ganz viele Besen.~~
Daraufhin teilt Frau Schneider ein zweites Arbeitsblatt aus, auf dem Fragen wie „Inwiefern kann man bei dem Gedicht von einer Rahmenstruktur sprechen?" **(Wesentliche Teile der Fragestellung sind nicht wiedergegeben.)** stehen. Zur Beantwortung der Fragen wird ~~uns~~ **besser: der Klasse** etwas Zeit gegeben.
(Die Ergebnisse fehlen.)

Arbeitsweg nicht genau angegeben: Arbeitsblatt, Stillarbeit

Ergebnisse des Unterrichtsgesprächs sehr oberflächlich wiedergegeben

keine Wir-Form

Zu TOP 5

Jetzt ~~malt~~ **besser: schreibt** die Lehrerin ein Tafelbild auf, in dem das Problem von Goethes „Zauberlehrling" festgehalten wird. ~~Es wird die Sicht des Lehrlings in zwei Teile aufgeteilt, wie es am Anfang und zum Schluss war. Beispielsweise hatte der Lehrling am Anfang Kontrolle über seinen Besen, zum Schluss nicht mehr.~~ Die Klasse schreibt wieder alles mit.

Ausdruck

Ergebnisse unzureichend wiedergegeben; TOP 5 hätte man besser mit TOP 4 verbinden sollen.

Zu TOP 6

Als Nächstes ~~entsteht ein Unterrichtsgespräch~~ **besser: In einem Unterrichtsgespräch wird** über ~~heutige Beispiele der Entwicklung der Ballade.~~ **besser: die Parallelen in der heutigen Zeit gesprochen, wie ...** Wie z. B. die Zigarettensucht, die man am Anfang unter Kontrolle hat und am Schluss nicht mehr.

Ausdruck

Was soll die Formulierung ausdrücken?

Zu TOP 7

Zum Schluss ~~erfahren wir~~ **besser: wird die Hausaufgabe** mithilfe einer Folie **besser: gestellt,** auf der der Zauberlehrling und sein Meister **besser: zu sehen** sind, ~~die Hausaufgabe. Sie besteht darin, ein Gespräch zwischen den beiden aufzuschreiben.~~ **(Fehlt: In welcher Situation soll der Dialog spielen?)**

keine Wir-Form

unschön, ergänzen

unvollständig

Aufgabe 44 **Niederschrift über die Deutschstunde der Klasse 8 a am 13. Sept. 20XX im Arndt-Gymnasium**

Ort:	Klasse 8 a des Arndt-Gymnasiums Buchlohe
Zeit:	8.00–8.45 Uhr
Anwesende:	alle Schüler der Klasse 8 a und Herr Lehnders
Abwesende:	keine
Leiter:	Herr Lehnders
Schriftführer:	Tim Bergmann
Thema der Stunde:	Organisatorisches zu Beginn des Schuljahres

Tagesordnung

TOP 1	Begrüßung
TOP 2	Der neue Stundenplan
TOP 3	Stoffplan für das neue Schuljahr
TOP 4	Erzählen von Ferienerlebnissen
TOP 5	Abschluss der Stunde

Zu TOP 1 Am Anfang stellt sich Herr Lehnders als neuer Klassenlehrer vor und begrüßt die Schülerinnen und Schüler zum neuen Schuljahr.

Zu TOP 2   Danach teilt er den Stundenplan für das neue Schuljahr aus und erklärt, was sich verändert hat, wie z. B., dass es einen neuen Lehrer im Fach Biologie gibt. Anschließend stellt er die neue Theater AG vor, die er selbst leiten wird. Die Klasse stellt Fragen zum neuen Stundenplan.

Zu TOP 3   Herr Lehnders schreibt nun seinen Stoffplan für das kommende Schuljahr an die Tafel. Zunächst soll es eine Einführung in die Rechtschreibung geben. Weitere Themen werden verschiedene Aufsatzformen wie die Reportage und die Begründete Stellungnahme sein. Auch Gedichte gehören zum Stoff des neuen Schuljahrs. Als Lektüre soll „Der gelbe Vogel" von Myron Levoy gelesen werden. Neben den inhaltlichen Themen kündigt Herr Lehnders außerdem an, dass im kommenden Sommer eine Klassenfahrt stattfinden wird.

Zu TOP 4   Nachdem das Organisatorische geklärt ist, fragt Herr Lehnders, wer etwas über seine Sommerferien erzählen möchte. Kai berichtet ausführlich von seinem Campingurlaub mit seiner Familie in Italien, Katharina erzählt von ihrer Radtour mit ihrem Onkel und ihrer Cousine um den Bodensee.

Zu TOP 5   Herr Lehnders bedankt sich für die erste Stunde mit der Klasse und erklärt, dass er sich auf das kommende Schuljahr freut. Er wünscht allen Schülerinnen und Schülern einen schönen ersten Schultag.

Aufgabe 45   **Tagesordnung:**

TOP 1   Gespräch über ein Problem der Klasse
TOP 2   Die indirekte Rede im Protokoll
TOP 3   Die formale Gestaltung des Protokolls
TOP 4   Checkliste für das Protokoll
TOP 5   Verschiedene Formen des Protokolls

Zu TOP 1   Markus sprach Herrn Müller auf die Probleme im Französischunterricht an. Dieser wies auf die Schulaufgabe hin und bat, das Gespräch kurz zu halten. Er ging auf die Disziplinprobleme in der Klasse ein und erinnerte daran, dass die Klasse selbst für den Geräuschpegel im Unterricht verantwortlich sei. Dennoch versprach er, nach einem Gespräch mit Frau Riester das Problem in der Klasse noch einmal aufzugreifen.

Zu TOP 2 Herr Müller wiederholte im Unterrichtsgespräch die Regeln der indirekten Rede. Normalerweise werde für die indirekte Rede der Konjunktiv I verwendet. Wenn der Konjunktiv I sich aber nicht von Indikativ unterscheide, dann müsse man den Konjunktiv II nehmen. Anhand eines Arbeitsblatts übte die Klasse in Partnerarbeit den Gebrauch der indirekten Rede.

Zu TOP 3 Mithilfe einer Folie erläuterte Herr Müller die formalen Anforderungen an das Protokoll. Im Protokollkopf müssten der Name der Veranstaltung, das Datum, Beginn und Ende, Ort, Leiter*in, Anwesende und Abwesende, Schriftführer*in sowie die Tagesordnung angeführt werden. Bei den Abwesenden könne auch der Grund für ihre Abwesenheit vermerkt werden. Er mahnte die Klasse, den Protokollkopf sauber zu gestalten.

Zu TOP 4 In Partnerarbeit erarbeitete die Klasse eine Checkliste zur Überprüfung des Protokolls. Folgende Dinge solle man nach der Abfassung des Protokolls noch einmal kontrollieren:
Enthält der Protokollkopf alle notwendigen Angaben?
Ist das Tempus einheitlich durchgehalten: Präteritum oder Präsens?
Sind die Äußerungen abwechslungsreich wiedergegeben?
Sind die Regeln für die indirekte Rede eingehalten?
Wurde so verständlich formuliert, dass auch jemand, der nicht anwesend war, die Ergebnisse und den Verlauf der Stunde nachvollziehen kann?
Sind alle Punkte sachlich richtig wiedergegeben?
Sind alle gleichartigen Äußerungen zusammengefasst?
Ist das Protokoll sachlich formuliert?

Zu TOP 5 Im Unterrichtsgespräch wiederholte die Klasse die verschiedenen Arten des Protokolls. Das Wortprotokoll gebe den genauen Wortlaut wieder. Das Ergebnisprotokoll fasse knapp die wichtigsten Beiträge und Ergebnisse zusammen. Das Verlaufsprotokoll sei umfangreicher und halte auch den Verlauf der Veranstaltung fest. Das Unterrichtsprotokoll gebe die Unterrichtsergebnisse wieder und fasse zusammen, wie man zu ihnen gelangt sei.

Argumentieren

Aufgabe 46	Behauptung	Das Fernsehen ist im Gegensatz zur Zeitung ein sehr aktuelles Medium.	
	Begründung	Denn problemlos kann das laufende Programm für Sondersendungen unterbrochen werden und Sender wie der Nachrichtenkanal *Phoenix* blenden Nachrichtenbänder mit den aktuellsten Meldungen in ihre Sendungen ein.	*Behauptung wird aufgegriffen und begründet*
	Beispiel	Bei der letzten Flutwelle in den Alpen wurden sofort Sondersendungen geschaltet und in den Nachrichten informierten Reporter aktuell aus den betroffenen Gebieten.	*Beispiel veranschaulicht die Begründung*
	Behauptung	Auch für die Schule kann man vom TV profitieren.	
	Begründung	Es kommen nämlich immer wieder Sendungen, in denen Wissenswertes gebracht wird, das man als Schüler oder Schülerin auch für die Schule nutzen kann.	*Behauptung wird aufgegriffen und begründet*
	Beispiel	Man braucht nur den Blick auf das Programm eines Tages von *ARD alpha* zu werfen: Wer Italienisch lernt, kann die „Wochenschau in italienischer Sprache" sehen, und wer sich für Referate fit machen will, sieht die Sendung „Sprachkompetenz Rhetorik". Wer etwas über die Geschichte des alten Ägyptens wissen will, wird mit einer „Zeitreise zu den Pharaonen" bestens bedient.	*Beispiel veranschaulicht die Begründung*

Aufgabe 47   a) Eltern sollten Piercings ablehnen, die auffällige Narben hinterlassen, die später nicht schön aussehen. Es ist auch fraglich, ob Eltern Intimpiercings erlauben sollten.

b) Die Eltern sollten es erlauben, wenn sie den Eindruck gewonnen haben, dass ihr Kind es sich gründlich überlegt hat. Kindern, die generell anfällig für Infektionen sind, sollten Eltern ein Piercing nicht erlauben.

c) Eltern sollten ihr Kind respektieren und seine Wünsche ernst nehmen, deswegen sollten sie ihrem Kind ein Piercing erlauben. Jugendlichen sollte es erlaubt sein, mit dem Äußeren zu experimentieren, auch wenn es dem Geschmack der Eltern nicht immer entspricht. Gutes Styling stärkt das Selbstbewusstsein der Jugendlichen.

d) Es kommt immer darauf an, wie überlegt ein Kind handelt – eine pauschale Altersangabe lässt sich daher nicht machen. Die Eltern können aber sicher am besten beurteilen, wie reif ihr Kind ist.

e) Sie sollten es nicht sofort erlauben, sondern erst, wenn ihr Kind es sich ausführlich überlegt hat und sie der Überzeugung sind, dass es ein ernsthafter Wunsch ist. Sie sollten es zudem auch erst erlauben, wenn ihr Kind ein geeignetes und hygienisches Piercingstudio gefunden hat.

Aufgabe 48   Folgende Argumente sind **nicht überzeugend:**

B Schönheitschirurgen verdienen viel Geld auf Kosten ihrer Patienten.

D Man sollte zu seiner Hässlichkeit stehen.

F Man weiß mit 14 Jahren noch nicht, ob man später auf Freunde trifft, die einen großen bzw. kleinen Busen wollen.

H Die Eltern haben auch keine Schönheitsoperation gebraucht, um durchs Leben zu kommen, weshalb sollte die Tochter dann eine Schönheitsoperation nötig haben?

K Wer eine Schönheitsoperation will, dem würde eine psychotherapeutische Behandlung eher etwas nützen.

Aufgabe 49   Folgende Stichworte solltest du **streichen**, weil ...

A der exakte Bezug zum Thema fehlt.

G es klar ist, dass die meisten Skifahren der Schule vorziehen.

H man nicht viel über ein Land erfährt, wenn man den Tag auf der Piste verbringt.

L das Argument die Themafrage nicht beantwortet.

S das Argument nur für dich zutrifft, also sehr subjektiv und nicht sachlich ist.

fgabe 50 a) Ein Urlaub im Süden ist schöner als ein Urlaub im Norden, **weil es im Süden wärmer ist. / weil dort die Sonne häufiger scheint.**

b) Castingshows sind entwürdigend für die Teilnehmenden, **weil sie von der Jury lächerlich gemacht werden.**

c) Peter spielt gut Geige, **da er täglich übt. / da er begabt ist.**

d) Alcopops verlocken zum Trinken, **da sie so süß sind, dass man den Alkohol nicht schmeckt.**

e) Teenie-Schwangerschaften nehmen zu, **da der erste Geschlechtsverkehr früher stattfindet.**

fgabe 51 a) Ein Urlaub im Süden ist schöner als im Norden, **denn** im Süden ist es wärmer/**denn** die Sonne scheint häufiger.

b) Castingshows sind entwürdigend für die Teilnehmenden. **Ein Grund dafür ist**, dass sie von der Jury lächerlich gemacht werden.

c) **Infolge** des täglichen Übens spielt Peter gut Geige.

d) **Wegen** der Süße schmeckt man den Alkohol nicht **und so** verlocken Alcopops zum Trinken.

e) Teenie-Schwangerschaften nehmen zu. **Einer der Gründe dafür ist**, dass der erste Geschlechtsverkehr früher stattfindet.

fgabe 52 a) Mein Freund Moritz ist in einer Castingshow aufgetreten. **Die Folge** ist, dass er von den Leuten auf der Straße angesprochen wird.

b) Mona will Sängerin werden, **deswegen** hat sie sich bei einer Castingshow beworben.

c) Mona hat eine piepsige Stimme, **infolgedessen** fällt sie schon bei der Vorauswahl durch.

d) In Castingshows singen manche Sänger miserabel, **sodass** sie sich lächerlich machen.

e) In Castingshows gebildete Gruppen fallen oft schnell auseinander, **daher** starten die Gruppenmitglieder Solokarrieren.

fgabe 53 a) Computerspiele sind auch für die berufliche Zukunft nützlich, da sie technische Fertigkeiten fördern.

Um in einem Computerspiel erfolgreich zu sein, müssen gewisse Grundkenntnisse im Umgang mit der Technik vorhanden sein, z. B. die Bedienung von Tastatur und Maus. Diese spielerisch erlenten Kenntnisse können im späteren Beruf nützlich sein, da in den meisten Berufen mit Computern gearbeitet wird. Zudem tauchen oft unvermutete Fehler auf, die man analysieren und beheben muss – eine Fähigkeit, die einmal von Nutzen sein kann.

b) Computerspiele sind nützlich, weil sie den Geist und die Geschicklichkeit trainieren.
Bei Rennspielen wird die Reaktionsfähigkeit trainiert, während man bei Strategiespielen nur erfolgreich sein wird, wenn man man strategisch und taktisch denken kann. Die eigene Kreativität kann man besonders in Rollenspielen ausleben.

c) Online-Computerspiele fördern die Kommunikation und Zusammenarbeit mit anderen Menschen.
Wer Computerspiele im Internet spielt, lernt dadurch, sich mit Menschen auf der ganzen Welt zu vernetzen und auszutauschen. Im Spiel muss man entweder gegeneinander antreten oder im Team zusammenarbeiten.

Aufgabe 54

a) Besonders wenn man im Büro arbeitet, kommt man ohne Computer kaum aus. Akten werden nicht mehr im Schrank gelagert, sondern auf der Festplatte. Mit Geschäftspartnern kommuniziert man per E-Mail. Wenn man sich schon in der Schulzeit intensiv mit dem Computer beschäftigen kann, ist man fit für diese Seite des beruflichen Alltags.

b) Je älter man als Schüler oder Schülerin wird, desto länger werden die Deutschaufsätze, die man schreiben muss, und desto mehr Zeit braucht man, um einen sauber geschriebenen und lesbaren Aufsatz abzuliefern. Ein Computer erleichtert die Arbeit, denn auf dem Bildschirm kann man den Text verbessern, man kann wegstreichen oder Textteile verschieben und hat am Schluss sofort einen sauberen Ausdruck, den man abgeben kann.

c) Sicherlich kann ein Computer einem Schüler oder einer Schülerin die Hausaufgaben erleichtern. Man darf aber nicht vergessen, dass auf der Festplatte auch spannende Computerspiele warten. Die Versuchung ist sehr groß, wenn die Hausaufgaben zu langweilig sind, ein Spiel zu starten und die Hausaufgaben auf später aufzuschieben.

d) Jugendliche sitzen oft vor dem Fernseher. Jetzt kommt auch noch der Computer hinzu, vor dem sie sitzen, ohne sich viel zu bewegen. Rückenbeschwerden, früher eine Krankheit der Älteren, treten daher schon bei Jugendlichen auf. Wenn man Fahrrad fährt oder Fußball spielt, dann bewegt man sich und bekommt dabei auch ein wenig Frischluft ab, sodass man etwas für seine Gesundheit tut. Das kann man von jemandem, der Tag für Tag bewegungslos vor dem Computer sitzt, nicht sagen.

Aufgabe 55
- **G** Spiele für Freistunden auf dem Handy / **L** Für einige Schüler Handy Ersatz für Armbanduhr / **K** Handy für viele Terminkalender; Verbot in der Schule kontraproduktiv / **M** Handy mehr als ein Telefon: Zusatzfunktionen in der Schule nicht nutzbar / **Q** Handy zum Musikhören in den Pausen und Freistunden
- **B** Ungleichbehandlung: Lehrlinge dürfen Handys während der Arbeit benutzen, Schüler im gleichen Alter nicht / **C** Warum soll man als Schüler nicht während der Pausen telefonieren oder Nachrichten schreiben dürfen, wenn es allen anderen Leuten erlaubt ist? / **N** Handyverbot schränkt Freiheit der Schüler ein
- **D** Mit 17 schon Auto fahren, aber im gleichen Alter in der Schule kein Handy benutzen: verantwortungsvoller Umgang muss gelernt werden / **J** Erwachsene trauen Jugendlichen nicht den verantwortungsvollen Umgang mit dem Handy zu
- **F** Handy notwendig: wenn früher Unterrichtsschluss, Abholen organisieren / **H** Kann sich in der Pause mit Freunden für den Nachmittag verabreden / **O** Wenn man krank wird, schnelle Information an die Eltern / **P** Schnelle Organisation von Terminen mit Freunden / **R** Handys zur Kommunikation mit Eltern und Freunden unerlässlich
- **A** Handyverbot nutzlos, da nicht kontrollierbar / **I** Missbrauch von Handys kann dadurch nicht verhindert werden / **E** Verbot nur wegen Minderheit, die Gewaltvideos austauscht; machen außerhalb der Schule weiter; man bekommt dadurch das Problem nicht in den Griff

Aufgabe 56
- Handy-Zusatzfunktionen für Schüler wichtig
- Ungerechtigkeit des Handyverbots
- Lernen des verantwortungsvollen Umgangs mit dem Handy
- Handy wichtiges Kommunikationsinstrument
- Nutzlosigkeit des Handyverbots

(Die Anordnung der Argumente nach ihrer Wichtigkeit ist natürlich davon abhängig, was **du** für wichtig hältst.)

Aufgabe 57
So schön Ferien sind, so ärgerlich kann die Zeit davor sein.   *A) Einleitung*
Denn in manchen Familien entbrennt ein heftiger Streit
darüber, ob die Kinder mit den Eltern in die Ferien fahren
oder ob die Kinder lieber allein mit anderen Jugendlichen
verreisen sollen.

Was spricht denn dafür, bereits in der 8. Klasse die Ferien ohne Eltern zu verbringen? Ohne die Eltern in die Ferien zu fahren, macht einfach mehr Spaß, weil man mit Gleichaltrigen zusammen ist, die man bei einem Urlaub mit den Eltern überhaupt nicht kennenlernen würde. Bei vielen organisierten Reisen ist das Programm speziell auf die Bedürfnisse von Jugendlichen zugeschnitten. Statt mit den Eltern im Strandkorb zu sitzen, macht man ein Beach-Volleyball-Turnier oder tanzt abends in der Strand-Disco. Für Reitbegeisterte gibt es zum Beispiel Ferien auf einem Ponyhof, was sicherlich mehr Spaß macht, als mit den Eltern durchs Allgäu zu wandern. Ein weiteres Argument, das dafür spricht, ohne die Eltern in die Ferien zu fahren, ist die Geldersparnis. Eltern lieben den Komfort, das bequeme Bett, die ruhige Lage, das gute Essen. Jugendliche sind da weniger anspruchsvoll. Das 5-Bett-Zimmer tut es auch, und wenn es etwas lauter ist, macht das nicht viel, man geht ja selbst spät ins Bett und ist manchmal etwas lauter. Solche Quartiere sind natürlich billiger als die, die man bei einem Urlaub mit den Eltern buchen würde. Ein wichtiger Grund, ohne die Eltern zu verreisen, ist aber auch, dass die Selbstständigkeit gefördert wird. Wenn die Kinder sich ohne den elterlichen Schutz in einer Gruppe von Gleichaltrigen durchsetzen müssen, lernen sie, sich selbst zu behaupten und auf eigenen Füßen zu stehen. Für die Eltern selbst gibt es auch einen wichtigen Grund, ihre Sprösslinge alleine verreisen zu lassen: Sie erholen sich besser. Unbehindert durch die Kinder können sie tun, was sie wollen, und müssen nicht dauernd Rücksicht auf deren Bedürfnisse nehmen.

Wenn dann beide, Eltern und Kinder, aus ihren Ferien kommen, fällt beiden das Zusammenleben wieder leichter, denn sie sind gut erholt, weil sie die Ferien getrennt verbracht haben.

B) Hauptteil

neue Kontakte, mehr Spaß

bessere Berücksichtigung der Bedürfnisse der Jugendlichen

preiswerte Ferien

Förderung der Selbstständigkeit der Jugendlichen

erholsamere Ferien für die Eltern

C) Schluss

Aufgabe 58   Sehr geehrte Frau Müller,   *Anrede*

in Ihrem Leserbrief begrüßen Sie es, dass der Gebrauch   *Hinweis auf den Anlass*
von Handys an Schulen verboten ist. Aus Ihrer Sicht ha-   *Eingehen auf Adressaten*
ben Sie sicherlich gute Argumente für Ihre Einstellung. Sie
sollten aber auch an uns Schülerinnen und Schüler den-   *Überleitung*
ken. Auch wir haben gute Gründe dafür, dass das Handy
weiterhin in der Schule benutzt werden darf.

Aufgabe 59   ... Sie sehen, Frau Müller, dass es auch gute Gründe gibt,   *Eingehen auf Adressaten*
uns zu erlauben, das Handy in der Schule zu benutzen –
selbstverständlich nur außerhalb der Unterrichtsstunden.
Setzen Sie mehr Vertrauen in die Jugendlichen und lassen   *Appell*
Sie uns unser Leben eigenständig gestalten.

Aufgabe 60   Ein weiterer Nachteil des Rollerfahrens ist, dass man sich körperlich nicht anstrengen muss. Dagegen hält die tägliche Fahrt mit dem Fahrrad zur Schule fit.
Je fitter man ist, desto leistungsfähiger ist man auch in der Schule. Allerdings
trifft dieses Argument nur zu, wenn der Schulweg nicht zu weit ist, denn nach
20 Kilometern Fahrradfahren kommt man erschöpft in der Schule an.
Im Übrigen sollte man nicht vergessen, dass Unfälle mit dem Roller meist gefährlicher als Fahrradunfälle sind, da der Roller schneller fährt. Auch wenn
Rollerfahrer einen Helm tragen, sind die Verletzungen oft schwerer als bei
einem Fahrradunfall.
Dazu kommt, dass man nicht nur seine eigene Gesundheit gefährdet, sondern
auch die seiner Mitmenschen. Der Schadstoffausstoß eines Rollermotors ist
zwar nur gering, aber auch er belastet die Umwelt und gefährdet letztendlich
die Gesundheit aller.
Aus allen diesen Gründen fahre ich lieber Fahrrad und bleibe gesund und fit.

Aufgabe 61   Hallo Jenny,

ich hab's gemacht! Ich habe mich beworben. In vier Wo-   *A) Einleitung*
chen ist das erste Casting in München im Hotel Brabant.
Meinen Eltern muss ich es noch beibringen. Sie werden es
hoffentlich akzeptieren.
Ich weiß, du hättest mir das nicht zugetraut, weil ich sonst   *B) Hauptteil*
eher zurückhaltend bin. Aber ich möchte lernen, mutiger   *1. Argument:*

zu werden, und deswegen habe ich mich beworben. Ich kann nicht immer nur in der vierten Reihe stehen, ich muss auch mal zeigen, dass ich in der ersten Reihe stehen kann. Auch wenn ich nicht genommen werde, ist es für mich trotzdem ein Erfolg, weil ich den Mut gehabt habe, mich alleine vor die Jury zu stellen und zu singen.

Stärkung des Selbstvertrauens

Es ist für mich schon ein Erfolg, an dem Vorcasting teilzunehmen, aber ich würde natürlich doch gerne weiterkommen. Du weißt, dass es mein Traum ist, Sängerin zu werden, auch wenn es vielleicht nur zur Chorsängerin in einem Musical reicht. Aber wenn ich ehrlich bin, würde ich mich schon gerne in einem Videoclip im Fernsehen oder im Internet sehen.

2. Argument: Traumziel Sängerin

Ich glaube, dass ich keine schlechten Chancen habe. Das gibt mir auch das Selbstvertrauen, mitzumachen. Die zwei Jahre mit dir in der Modern-Dancing-Group in der Schule haben viel gebracht. Ich habe mir schon eine Choreografie für meinen Auftritt ausgedacht. Am Montag werde ich sie dir vortanzen. Ich bin gespannt, was du dazu sagst. Einige Schritte habe ich aus unserer Choreografie für das letzte Schulfest übernommen. Ich werde eine bessere Figur machen als die, die ich bisher bei „Deutschland sucht den Superstar" gesehen habe.

3. Argument: Gute Chancen, da gute Tänzerin

Auch das Singen könnte gut klappen, sodass ich gute Chancen habe, weiterzukommen. Beim Sommerkonzert waren alle begeistert, als ich das kleine Solo im Chor gesungen habe, und sie haben mir hinterher zu meiner rockigen Stimme gratuliert. Sogar der Mathe-Müller war begeistert, obwohl der sonst nur bei Klassik wegschmilzt.

4. Argument: Gute Chancen, da gute Sängerin

Wenn ich ehrlich bin, dann macht es mir einfach Spaß, vor Publikum zu singen, auch wenn ich vorher immer eine Heidenangst habe. Aber Lampenfieber gehört dazu. Wenn ich länger im Showbusiness sein werde, dann verschwindet es vielleicht und der Spaßfaktor bleibt.

5. Argument: Spaß

Kannst du mir einen Tipp geben, welchen Song ich singen soll? Ich wollte „Killing me softly" von den Fugees singen oder weißt du etwas Besseres?

Bis Montag dann,

Julia

C) Schluss

fgabe 62
1. Die Einleitung führt zum Thema hin.
2. Am Ende der Einleitung steht die Fragestellung, um die es geht.
3. Es wird immer wieder der Bezug zur Behauptung hergestellt, dass es für Melanie vorteilhaft wäre, einen Roller zu kaufen.
4. Die meisten Argumente sind überzeugend. Aber Melanie schreibt, dass das Lernen der Verkehrsregeln und -zeichen für sie von Vorteil wäre. Sie führt aber nicht an, warum das so ist. Sie könnte ihr Argument z. B. damit begründen, dass sie das Wissen bei der theoretischen Prüfung für den Autoführerschein wieder braucht.
5. Ihr Argument, dass der Rollerkauf für sie von Vorteil sei, weil die schlechten Busverbindungen nach Schwebheim für sie kein Problem mehr wären, müsste durch ein Beispiel ergänzt werden:
   Ich könnte früher von der Schule zu Hause sein und meine Mutter bräuchte sich nicht mehr zu beklagen, dass ich so wenig Zeit daheim verbringe. Schuld daran sind nämlich häufig die unregelmäßig fahrenden Busse. Mit dem Roller wäre ich unabhängig von den Fahrplänen.
6. Der Text ist durch Absätze gegliedert.
7. These und Argument sowie die einzelnen Argumente sind abwechslungsreich miteinander verknüpft.
8. Der wichtigste Grund steht am Schluss.
9. Ein Schluss fehlt. Man könnte zum Schluss Folgendes schreiben:
   Wie Ihr seht, hätte ein Roller für mich viele Vorteile und es wäre toll, wenn Ihr mir einen Zuschuss geben könntet. Vielleicht könnt Ihr auch zu meinem Geburtstag kommen. Ich würde mich sehr freuen und Mutti hat versprochen, eine leckere Ananastorte zu machen.

fgabe 63

Hallo Jens!

In deiner letzten E-Mail hast du kritisiert, dass ich immer sofort die Kleidung trage, die gerade angesagt ist. Du hast gemeint, ich würde mich zu sehr anpassen. Ich gebe zu, dass ich am liebsten modische Kleidung trage. Ich stehe aber dazu. Denn ich fühle mich modisch gekleidet besser, weil ich weiß, dass ich richtig liege. Du magst das als Schwäche sehen, die du aber akzeptieren musst.

Du sagst, dass ich mich zu sehr anpasse. Dabei solltest du aber bedenken, dass man am Anfang oft ziemlich alleine dasteht, wenn man etwas trägt, was gerade neu ist. Keiner sonst trägt die neuen, auffälligen Farben. Ist das Anpassung, wenn man den Mut hat, etwas zu tragen, was noch niemand trägt, oder ist das nicht eher Experimentierlust?

Außerdem habe ich keine Lust, immer im gleichen Outfit rumzulaufen. Ich möchte gut aussehen. Ich trage immer wieder gerne etwas Neues und bleibe nicht bei der immer gleichen Jeansmarke. Du beneidest mich, dass ich bei den Mädchen recht gut ankomme. Woran liegt das denn? Doch wohl auch daran, dass ich mich cool kleide. Meinst du nicht auch, dass dein immer gleicher Kleidungsstil auf Dauer etwas langweilig wirkt?

Jens, ich glaube im Übrigen, dass auch du dich anpasst. Jeder passt sich an eine Gruppe an und übernimmt deren Kleidungsstil. Niemand bringt es fertig, so individuell zu sein, dass man von ihm sagen kann, dass er sich nicht anpasst, sondern nur seinem Stil folgt. Meinst du, dass deine Jeans, dein T-Shirt und deine Turnschuhe der Super-Individualstil sind? Schau dich um, wie viele genauso angezogen sind wie du, und du wirfst mir vor, mich anzupassen?

Akzeptieren wir beide einfach, dass wir uns unterschiedlich kleiden. Ansonsten verstehen wir uns doch gut, da sollten unsere Kleidungsstile uns nicht trennen. Wir sehen uns dann am Sonntag im *Look*,

Felix

Aufgabe 64

Gliederung zum Thema:

Warum kommt es zu Konflikten zwischen Jugendlichen und ihren Eltern?

Version 1

1. Pubertät als schwieriges Alter aufgrund der vielen Konflikte zwischen Jugendlichen und Eltern

2. Warum kommt es zu Konflikten zwischen Jugendlichen und ihren Eltern? — *Themafrage am Anfang des Hauptteils*

   2.1 Unterschiedlicher Geschmack bei Kleidung und Musik — *Verwendung von nominalen Wendungen*

   2.2 Unterschiedliche Vorstellungen über die passenden Freunde

   2.3 Unterschiedliche Vorstellungen über die Freizeitgestaltung

   2.4 Unterschiedliche Vorstellungen über die Mithilfe im Haushalt

   2.5 Probleme im Zusammenhang mit Schule/Ausbildung

   2.6 Grundsätzliche Opposition zu den Eltern — *Das wichtigste Argument zum Schluss*

3. Notwendige Konflikte für das Erwachsenwerden

Version 2

A) Die Pubertät gilt als schwieriges Alter wegen der vielen Konflikte zwischen Jugendlichen und Eltern.

B) Warum kommt es zu Konflikten zwischen Jugendlichen und ihren Eltern?

Themafrage am Anfang des Hauptteils

1. Der Geschmack bei Kleidern und Musik ist oft unterschiedlich.

Verwendung von verbalen Formulierungen

2. Die Vorstellungen hinsichtlich der richtigen Freunde gehen auseinander.
3. Die Vorstellungen über die richtige Freizeitgestaltung sind unterschiedlich.
4. Die Vorstellungen über die Mithilfe der Jugendlichen im Haushalt gehen auseinander.
5. Es gibt Auseinandersetzungen über Probleme in der Schule/in der Ausbildung.
6. Die Jugendlichen stehen in grundsätzlicher Opposition zur Welt der Eltern.

Das wichtigste Argument zum Schluss

C) Die Konflikte sind notwendig für das Erwachsenwerden der Jugendlichen.

Aufgabe 65

a) Tätowierungen hinterlassen als Spätfolgen Narben.
   Spätfolge Narben
b) Tätowierungen können Entzündungen auslösen.
   Auslösung von Entzündungen
c) Tätowierungen können Allergien auslösen.
   Auslösung von Allergien
d) Tätowierungen provozieren Ablehnung von Erwachsenen.
   Provokation der Ablehnung durch Erwachsene
e) Tätowierungen können den Träger oder die Trägerin verunstalten.
   Verunstaltung des Trägers oder der Trägerin

Aufgabe 66

1. Ausgesetzte Hunde zur Zeit der großen Ferien
2. Was sollte man bedenken, ehe man einen Hund kauft?
   2.1 Hund über Jahre hinweg sowohl Freude als auch Belastung
   2.2 Unterbringung während des Urlaubs
   2.3 Betreuung tagsüber

     2.4 Belastung durch Pflege und Auslauf

     2.5 Akzeptanz des Hundes durch alle Familienmitglieder

     2.6 Wohnverhältnisse

     2.7 Kosten

  3. Kauf nur nach genauer Überlegung

Aufgabe 67

1. Alcopops sind Mixturen aus Alkohol und Limonade, deren Zielgruppe Jugendliche und besonders junge Frauen sind. Alcopops sind das beliebteste alkoholische Getränk unter Jugendlichen.

2. Warum sind Alcopops für Jugendliche so gefährlich?

     2.1 Gefahr für die Gesundheit wegen hoher Kalorienzahl und Koffein

     2.2 Alkohol durch die Süße verdeckt: Steigerung des Alkoholkonsums

     2.3 Alkohol in jeder Form Gefahr für Jugendliche

3. Steigender Alkoholkonsum bei Jugendlichen muss verhindert werden

Aufgabe 68

A Statistik

B Zitat

C Klärung des Schlüsselbegriffs

D Persönliches Erlebnis

E Bedeutung des Themas

F Historisches Beispiel

G Aktueller Anlass

Aufgabe 69

Klärung der Schlüsselbegriffe

- Generelles Verbot, unter 15 Jahren bezahlter Arbeit nachzugehen
- Ausführen leichter und geeigneter Tätigkeiten ab 13 Jahren jedoch möglich

Persönliches Erlebnis

- Im Getränkemarkt des nahegelegenen Supermarkts Schüler der 11. Klasse getroffen
- Bessert einmal pro Woche sein Taschengeld dort auf

Aktueller Anlass

- Stellengesuch aus der Zeitung oder aus dem Internet zitieren

Aufgabe 70 **Zitat**

Die „Frankfurter Allgemeine Zeitung" wirbt mit dem Slogan „Dahinter steckt immer ein kluger Kopf". Ein Fernsehsender würde nicht auf die Idee kommen, mit einem ähnlichen Slogan zu werben. Denn das Fernsehen hat zu viele schädliche Folgen, als dass man solch eine Werbung ernst nehmen würde. Welche negativen Folgen hat es für die Zuschauerinnen und Zuschauer, wenn sie zu viel fernsehen?

Statistik

15-Jährige sehen im Durchschnitt täglich bis zu drei Stunden fern. Fernsehen ist für sie in der Freizeit die Hauptbeschäftigung. Angesichts der Bedeutung, die das Fernsehen für die Heranwachsenden hat, muss man sich fragen, ob damit nicht negative Folgen für den Zuschauer bzw. die Zuschauerin einhergehen.

Historisches Beispiel

Im 18. Jahrhundert gab es Experten, die vor der allzu ausschweifenden Lektüre von Romanen warnten, da dies schädlich für die Lesenden sei. Man sprach von schädlicher Lesewut, wenn jemand zu viel Zeit mit Lesen verbrachte. Ähnlicher Kritik müssen sich heute Fernsehzuschauer aussetzen, die Stunden vor dem Fernseher verbringen. Welche schädlichen Folgen hat der exzessive Fernsehkonsum für die Zuschauerinnen und Zuschauer?

Aufgabe 71 A Anknüpfung an die Einleitung
B Zusammenfassung der Gedanken des Hauptteils
C Formulierung einer Warnung
D Eigene Meinung
E Ausblick in die Zukunft
F Schlussfolgerung aus den Argumenten
G Einschränkung der Gedanken des Hauptteils

Aufgabe 72 **Warnung**
- Viele Vorteile eines Nebenjobs
- „Hauptberuf" aber: Schüler → Gefahr: Vernachlässigung schulischer Pflichten

Ausblick in die Zukunft
- Zunehmende Verbreitung von Ganztagsschulen
- Nebenjobs werden aus Zeitgründen nicht mehr möglich sein

Zusammenfassung der Gedanken des Hauptteils

- Einblick ins Berufsleben gewinnen
- Verantwortung übernehmen lernen
- Unabhängigkeit von den Eltern

Aufgabe 73

Eigene Meinung zum Thema

Man kann sich sicherlich sehr viele Gedanken machen, bevor man einen Hund kauft. Meiner Meinung nach ist es aber am wichtigsten, dass man das Tier, das man sich anschafft, tatsächlich gernhat und achtet. Dann lassen sich die meisten Probleme lösen.

Formulierung einer Hoffnung

Je mehr Menschen sich Gedanken machen, bevor sie einen Hund kaufen, desto weniger Hunde werden vor den Ferien ausgesetzt, weil sie lästig geworden sind.

Einschränkung eines Gedankens des Hauptteils

Sicher sollte man sich überlegen, ob man die Zeit hat, einem Hund genügend Auslauf zu geben. Sollte die Antwort Nein sein, sollte man sich aber vielleicht generell Gedanken machen, ob man in seinem Leben nicht etwas falsch macht: Denn wenn man nicht einmal die Zeit für ein bisschen Bewegung mit seinem Hund hat, scheint das Leben ein wenig zu straff durchorganisiert zu sein.

Aufgabe 74

- Ein wichtiger Grund ist, dass Jugendliche Probleme haben – genauso wie Erwachsene: ...
- Die oben genannten Probleme sind Alltagssorgen, die viele junge Menschen plagen und doch nur wenige Jugendliche zur Flasche greifen lassen. Was aber passiert, wenn man als Jugendlicher ein wirklich großes Problem hat, wenn man etwa arbeitslos ist? ...
- Natürlich hatten Jugendliche zu allen Zeiten große und kleine Probleme. Warum aber greifen gerade heute so viele Jugendliche zur Flasche? ...
- Man sollte aber nicht vergessen, dass für Jugendliche oft ein wichtiger Grund für den Alkoholkonsum der Gruppendruck ist. ...
- Der entscheidende Grund, der Jugendliche zum Trinken verführt, liegt im Verhalten der Erwachsenen. ...

Aufgabe 75

Welchen Nutzen hat es für einen Schüler oder eine Schülerin, einen Job neben der Schule anzunehmen?

~~Je nach Gegend~~ **besser: Je nachdem, ob man sich auf dem Land oder in der Stadt befindet,** jobbt ein Drittel bis zur Hälfte der Mittel- und Oberstufenschüler regelmäßig. Ein Job ist für jeden Schüler etwas Gutes. Er erfährt dabei vieles, was er in der Schule nie und nimmer lernen würde, obwohl auch die Schule einem viel ~~Gutes~~ **besser: Nützliches** beibringt, was ~~er~~ **besser: man** später im Leben wirklich gut verwenden kann. ~~Gut~~ **besser: Sinnvoll** ist also beides: die Schule und der Nebenjob. Sie ergänzen sich ~~gewissermaßen~~. Aber ~~welches Gute~~ **besser: welchen Nutzen** hat es für einen Schüler, einen Job neben der Schule anzunehmen?

ungenau

Wiederholung
falscher Bezug
Wiederholung

überflüssig/Wiederholung

Man lernt ~~was~~ **besser: etwas** fürs Leben, weil man ~~in die Lebenswirklichkeit kommt, z.B. in einen Supermarkt,~~ **besser: mit der Realität des Lebens konfrontiert wird, z.B. in einem Supermarkt**, wenn man Waren einsortieren muss. ~~Man bekommt auch einen guten Überblick über das Warensortiment, was einem zum Beispiel später hilft sich in einem Supermarkt zurechtzufinden.~~ **besser: Gerade bei dieser Tätigkeit kann man etwas über die Lebenswirklichkeit lernen. Waren werden nämlich nach psychologischen Gesichtspunkten in die Regale einsortiert. Auf Augenhöhe sind z.B. immer die teuersten Artikel, für die billigsten muss man sich bücken. Man lernt so die Tricks kennen, auf die man als Konsument gefasst sein muss.**

Umgangssprache/ungenau

kein überzeugendes Beispiel

Häufig finden Schüler Arbeit als Zeitungsausträger, aber es gibt auch eine Menge ~~geiler~~ **besser: anderer passender Angebote** für Schüler. Im Internet findet man beispielsweise Stellen als Mystery-Shopper oder als Statist. Statisten werden bei Film- und TV-Produktionen eingesetzt. Das sind die Menschen, die zum Beispiel bei Filmen einfach nur in Cafés sitzen oder über die Straße laufen. Die Aufgabe des Mystery-Shoppers besteht wiederum darin, einkaufen zu gehen und die Freundlichkeit und Kompetenz der Verkäufer zu beurteilen. **Fehlt: Themabezug:**

Umgangssprache

Diese Jobs bringen nicht nur Geld, sondern machen auch Spaß.

Man gewinnt zudem Einblick in das Berufsleben. ~~Wie beschwerlich es ist, zu arbeiten, dass man jeden Tag kommen muss, auch wenn man nicht will. Das fällt vielen schwer. Es ist ihnen eine Lehre, dass man das machen muss.~~ **besser: Schule ist in mancher Hinsicht Schonraum. Wenn man mal geistig abwesend ist und eine Stunde verträumt, fällt es oft nicht auf. In einem Geschäft wird es aber nicht möglich sein, sich in die Ecke zu stellen und an die Freundin oder den Freund zu denken.** Der Umgang mit den Kollegen bringt weitere Erfahrungen. ~~Diese Erfahrungen kann man in der Schule nicht machen.~~ **besser: die man in der Schule nicht machen kann. Man arbeitet mit Erwachsenen zusammen und kann Menschen aus den verschiedensten Schichten und Berufen kennenlernen.**

~~Man lernt auch~~ **besser: Ein weiterer Nutzen für die Schüler ist, dass sie lernen,** Verantwortung zu übernehmen. ~~Schule ist nicht das Leben, sie hat mehr Spielplatzcharakter.~~ Wenn man mal einen ~~Scheiß baut~~ **besser: schweren Fehler macht**, ist es nicht so schlimm, weil man nur einen Verweis oder eine Nacharbeit bekommt. Wenn man im Job ~~etwas verbockt~~ **besser: einen Fehler macht**, ~~dann geht es schon härter zur Sache.~~ **besser: dann kann das ernste Konsequenzen haben.** Schlimmstenfalls kann man ~~rausgeschmissen~~ **besser: entlassen** werden. ~~Wenn man schlecht arbeitet, bekommt man den Job nicht wieder. Dann hat man kein Geld mehr oder muss sich einen neuen suchen.~~

Man ist auch unabhängiger von den Eltern, was die Finanzen ~~und alles andere~~ betrifft. Man hat sein eigenes Geld und muss nicht die Eltern bitten, einem Geld ~~rüberwachsen zu lassen~~ **besser: zu geben,** wenn man sich etwas Teueres anschaffen will. Man kann sich, wenn man etwas gespart hat, problemlos ein Auto kaufen. Wenn man über selbst verdientes Geld verfügt, können die Eltern nicht bestimmen, welche ~~Klamotten~~ **besser: Kleider** man kaufen soll. Man kauft sich einfach die, die man selber will. Auch

Margin notes:

kein überzeugendes Beispiel

Beispiel fehlt

stereotype Verknüpfung

Umgangsspr., streichen

Umgangssprache

Umgangssprache

Umgangssprache

Umgangssprache

überflüssig

ungenau, überflüssig

Umgangssprache

Umgangssprache

die Benutzung der Handys kommt die Jugendlichen teuer zu stehen und kann nicht allein vom Taschengeld finanziert werden. Das nötige Geld dafür wird also unter anderem ebenfalls in Jobs verdient.

Für ~~doofe~~ **besser: mittelmäßige** Schüler hat ein Neben-   *abwertende Formulierung*
job seine Gefahren: Während die Cleveren die Doppelbelastung spielend in den Griff bekommen, reduziert sich bei mittelmäßigen Schülern die Bereitschaft, sich in der Schule anzustrengen. Gerade wenn man dort wenig Bestätigung erhält, bekommt der Job eine zusätzliche Bedeutung. Es steigert ~~die Selbstzufriedenheit~~ **besser: das**   *falscher Ausdruck*
Selbstvertrauen, wenn ~~sie wie Erwachsene behandelt~~   *Bezug*
~~werden~~ **besser: man wie ein Erwachsener behandelt**
wird. Aber der eigentliche ~~Job~~ **besser: „Beruf"** als Schüler   *Wiederholung*
gerät aus dem Blick.

ufgabe 76 ## Warum sind Hausaufgaben eine sinnvolle Hilfe für Schüler?

Hausaufgaben werden ~~heutzutage~~ von jedem Lehrer ge-   *überflüssig*
stellt und gehören zum Schulalltag. Die Schüler sind es gewöhnt, ~~zu Hause~~ nach dem Mittagessen erst einmal ihre   *überflüssig*
Hausaufgaben zu erledigen. Dadurch ~~verkleinert~~ sich na-   *klingt ungeschickt*
türlich ihre Freizeit. Warum Hausaufgaben dennoch sinn-   *logische Verbindung fehlt*
voll sind, ~~möchte ich hiermit erläutern~~.   *unbeholfene Formulierung*
Hausaufgaben sind sinnvoll, weil ~~die selbstständige Arbeit~~   *unbeholfene Formulierung*
~~der Schüler verbessert wird~~. Denn bei den Hausaufgaben erhalten sie keine Hilfe vom Lehrer und die Eltern helfen meist nur, wenn die Aufgaben sehr schwer sind. ~~Durch die~~   *kein überzeugendes*
~~regelmäßige Hausaufgabenerledigung wird auch die Fähig-~~   *Argument*
~~keit, etwas fehlerfrei auszuführen, geschult, was später im~~
~~Beruf sehr nützlich sein kann, z. B. beim Nachrechnen von~~
~~Statistiken oder Ähnlichem.~~ Außerdem lernt ~~das Kind~~, die   *klingt ungeschickt*
~~Sachen~~ schnell, aber effektiv zu ~~machen~~.
~~Die meisten~~ kommen erst um drei oder vier Uhr nach   *übertrieben*
Hause und haben um fünf Uhr schon wieder ~~Training bei~~   *allgemeiner formulieren*
~~einem Sportverein~~. Deshalb stehen sie sehr unter Zeitdruck und sie müssen sich ihre Zeit genau richtig einteilen, um die Aufgaben schnell, aber trotzdem richtig zu erledigen.

~~Als weiteres Argument sollte angeführt~~ werden, dass Hausaufgaben ~~eine gute Prüfung~~ sind, ob der Stoff der letzten Stunde verstanden wurde. Da der Stoff noch einmal komplett durchgegangen werden muss, um eine Hausaufgabe richtig zu beantworten, prüfen die Schüler ~~dadurch ihr im Unterricht verstandenes oder auch unverstandenes Wissen.~~

klingt steif

klingt unbeholfen

klingt unbeholfen

~~Als Beispiel könnte angeführt werden, dass neue mathematische Formeln durchgenommen wurden, die der Schüler in der Hausaufgabe anwenden muss. Dadurch prüft er, ob er sie im Unterricht verstanden hat.~~

Das Beispiel ist zu allgemein → konkreter!

~~Durch die Hausaufgaben werden auch Fächer speziell vorbereitet, die nicht so gut gekonnt werden, da Hausaufgaben in diesen Fächern auch gemacht werden müsssen. So werden genau die Problemzonen geübt und nach gründlicher Hausaufgabe besser verstanden.~~

inhaltlich und sprachlich misslungen → streichen

~~Als wichtigstes Argument darf nicht vergessen werden,~~ dass durch die Hausaufgabe der Stoff ~~vom Vortag~~ wiederholt wird, ~~weil der im Unterricht gelernte Stoff in den Hausaufgaben wieder angewendet werden muss.~~

unbeholfen

nicht nur vom Vortag!

viele Wiederholungen

~~Dadurch wird auch das Lernen für den nächsten Tag weniger, da in den Hausaufgaben schon alles wiederholt wurde. Daraus folgt, dass Schüler mehr Freizeit haben, wenn die Hausaufgaben gemacht wurden.~~

klingt nicht überzeugend

~~Durch die Vorbereitung der Hausaufgaben wird das Lernen für den nächsten Tag leichter, weil zum zweiten Mal an dem Tag der gleiche Stoff wiederholt wird. Dadurch weiß der Schüler noch, wie er es bei den Hausaufgaben angewendet hat, zum Beispiel bei englischer Grammatik, die nach gemachten Hausaufgaben noch im Kopf ist und somit nur noch einmal kurz wiederholt werden muss und dann für den ganzen Tag gelernt ist.~~

inhaltlich wird wiederholt, was oben schon gesagt wurde; sprachlich ist der Absatz unbeholfen formuliert

Ich finde, dass Hausaufgaben eine sinnvolle Hilfe für Schüler sind. Außerdem sind Hausaufgaben eine sinnvolle Beschäftigung, im Gegensatz zu ewigem Computerspielen.

Schluss ist zu wenig aussagekräftig

Verbesserte Version:

Hausaufgaben werden von jedem Lehrer gestellt und gehören zum Schulalltag. Die Schüler sind es gewöhnt, sie nach dem Mittagessen erst einmal zu erledigen, auch wenn dadurch ihre Freizeit eingeschränkt wird. Deswegen würden viele Schüler gerne auf Hausaufgaben verzichten. Es gibt aber viele Gründe, die dafür sprechen, dass Hausaufgaben eine sinnvolle Hilfe für Schüler sind.

Hausaufgaben sind sinnvoll, weil die Schüler lernen, selbstständig zu arbeiten. Denn bei den Hausaufgaben erhalten sie keine Hilfe vom Lehrer und die Eltern helfen meist nur, wenn die Aufgaben sehr schwer sind. Außerdem kann der Schüler lernen, seine Aufgaben schnell, aber effektiv zu erledigen.

Viele kommen erst um drei oder vier Uhr nach Hause und gehen um fünf Uhr schon wieder anderen Aktivitäten nach, wie z. B. dem Training in einem Sportverein. Deshalb stehen sie sehr unter Zeitdruck und müssen lernen, sich ihre Zeit genau einzuteilen, um die Aufgaben schnell, aber trotzdem richtig zu erledigen.

Ein weiterer Grund, der für Hausaufgaben spricht, ist die Tatsache, dass mithilfe der Hausaufgaben nachvollzogen werden kann, ob der Stoff der letzten Stunde verstanden wurde. Da das Gelernte noch einmal komplett durchgegangen werden muss, um die Aufgabenstellungen richtig zu bearbeiten, prüfen die Schüler, was sie verstanden bzw. nicht verstanden haben.

Wenn ein Schüler in seiner Mathematikhausaufgabe eine Winkelhalbierende konstruieren soll und merkt, dass ihm nicht klar ist, wie er vorgehen soll, hat er den ersten Schritt zum Lernen gemacht: Er hat eine Lücke erkannt und kann sie jetzt schließen, indem er das Vorgehen im Geometriebuch selbst nochmals nachliest.

Der wichtigste Grund für Hausaufgaben ist, dass dadurch der Stoff täglich wiederholt wird und deswegen besser im Gedächtnis haften bleibt. Wer die neuen Englischvokabeln in einer Einsetzübung zu Hause gleich anwendet, merkt sie sich besser, als wenn er sie nur der Reihe nach lernt.

Wer täglich Hausaufgaben erledigt, wiederholt beständig den Stoff und macht sich das Schulleben dadurch auf längere Sicht leichter, denn er muss vor der nächsten Schulaufgabe keinen Lernmarathon einlegen.

Aufgabe 77   **Gliederung:**

A) Persönliches Erlebnis: Streit einer Freundin mit ihren Eltern wegen des
   Ausgehens am Abend

B) Warum kommt es immer wieder zu Konflikten zwischen Eltern und ihren
   Kindern wegen des Ausgehens am Abend?
   1. Falsches Verhalten der Kinder
      a) Zu häufiges Ausgehen
      b) Ausgehen während der Woche
      c) Ausgehen bis in den Morgen
   2. Bedenken der Eltern
      a) Wegen zu hoher Geldausgaben
      b) Wegen Notenverschlechterung und Gesundheitsgefährdung
         durch Schlafmangel
   3. Angst der Eltern wegen
      a) Gewalt
      b) Kontakt mit Partydrogen und Alkohol
      c) Unfällen beim Autofahren

C) Kompromiss: Wenn beide aufeinander zugehen, lassen sich Konflikte
   vermeiden.

Ausführung:

Letzte Woche kam meine Freundin ziemlich bleich in die Schule. Als ich sie
besorgt fragte, ob sie krank sei, sagte sie, dass sie Streit mit ihren Eltern habe,
weil sie gestern zu lange in der Disco *Look* gewesen sei. Meine Eltern verstehen
mich nicht, jammerte sie, sie geben mir keine Freiheiten. Streit wegen des Ausgehens am Abend kommt in fast allen Familien irgendwann einmal vor.
Warum kommt es immer wieder zu Konflikten zwischen Eltern und ihren
Kindern wegen dieser Frage?

Ein Grund liegt sicher darin, dass die Kinder sich falsch verhalten. Eltern werden nichts dagegen haben, wenn man ab und zu am Abend ausgeht. Wenn
man aber seine Abende ausschließlich in der Diskothek verbringt, dann kommt
es sicher zu Konflikten mit den Eltern, weil das einfach eine zu einseitige Freizeitgestaltung ist.

Besonders bei jüngeren Schülerinnen und Schülern werden die Eltern eingrei-
fen, wenn ihr Kind wochentags ausgehen will. Auch wenn es nur bis elf Uhr
abends wegbleibt, ist das doch so spät, dass man am nächsten Tag zu müde ist,
um erfolgreich in der Schule zu arbeiten.

Besonders am Wochenende bleibt es meist nicht bei elf Uhr. Denn es geht in
vielen Clubs um diese Zeit erst richtig los, sodass man nach Hause kommt,

wenn es schon wieder hell wird. Dass man dann nicht um acht mit den Eltern am Frühstückstisch sitzt, sondern erst zum Mittagessen aufsteht, ist nur logisch. Viele Eltern sind aber nicht bereit, hinzunehmen, dass ein Familienleben nicht möglich ist, weil ihre Sprösslinge die Nacht durchgefeiert haben und den Tag deshalb verschlafen.

Eltern haben oft aber auch ganz grundsätzliche Bedenken gegen das Ausgehen am Abend. Manche haben einfach Angst um ihre Kinder und reagieren deswegen wenig begeistert, wenn ihre Kinder ausgehen wollen. Neben dem Aspekt der Zeit spielt auch das Geld eine Rolle. Man muss in der Regel Eintritt für die Disco bezahlen und möchte dort natürlich auch etwas trinken. Schnell hat man so an einem Abend 25 Euro verbraucht. Häuft sich das, kommen leicht größere monatliche Summen zusammen, sodass die Eltern ihrem Kind evtl. aus finanziellen Überlegungen heraus das abendliche Ausgehen verbieten.

Zudem denken die Eltern auch an die berufliche Zukunft ihrer Kinder und die wird nun einmal mitentschieden durch die Schulnoten. Kinder, die müde auf ihren Stühlen dem Unterrichtsschluss entgegendämmern, weil sie am Vorabend lange aus waren, lernen nichts und bekommen schlechte Noten. Ausreichender Schlaf ist unerlässlich für eine funktionierende Informationsverarbeitung und für die allgemeine Gesundheit. Es ist deswegen nur logisch, dass Eltern, die sich um ihre Kinder kümmern, alarmiert sind, wenn diese zu häufig abends ausgehen. Schließlich wissen sie, dass ausreichender Schlaf notwendig für den Schulerfolg und die Gesundheit der Kinder ist.

Oft haben Eltern aber auch einfach Angst, dass ihr Kind zu viel trinkt oder Partydrogen nimmt und verbieten aus dieser Angst heraus das Ausgehen. Immer wieder wird in den Medien über Alkoholmissbrauch von Jugendlichen berichtet und auf die Gefährdung durch Partydrogen hingewiesen, sodass die Sorge der Eltern durchaus nachvollziehbar ist.

Auch wenn Eltern ihrem Kind vertrauen und wissen, dass es nur Cola trinkt und keine Drogen nehmen würde, haben sie vielleicht Angst, dass ihr Sohn in eine Schlägerei verwickelt oder ihrer Tochter Gewalt angetan wird. Besonders im alkoholisierten Zustand lassen manche Menschen alle Hemmungen fahren und werden gewalttätig. Dass Eltern ihre Kinder vor solchen Gefahren schützen wollen, ist nur verständlich.

Eine weitere berechtigte Sorge von Eltern ist, dass ihr Kind auf dem Heimweg von der Disco tödlich verunglückt. Spät in der Nacht fahren meist keine Busse mehr und man ist darauf angewiesen, von älteren Freunden mit dem Auto mitgenommen zu werden. Auch wenn die Person am Steuer keinen Alkohol getrunken hat, fahren viele zu schnell, um vor ihren Freunden anzugeben, und im schlimmsten Fall endet die Fahrt im Straßengraben. Davor haben Eltern zu

Recht Angst und es lässt sich so auch nachvollziehen, dass sie ihren Kindern das Ausgehen am Abend untersagen.

Es gibt also viele Gründe, warum es zu Familienkonflikten um das abendliche Ausgehen kommen kann. Kinder sollten die Ängste und Bedenken ihrer Eltern ernst nehmen. Auf der anderen Seite sollten Eltern die Freiheit ihrer Kinder nicht zu sehr beschneiden. Denn nur wenn Jugendliche eigene Erfahrungen machen können, werden sie lebenstüchtig. Wenn Eltern ihre Kinder immer in Watte packen und sie vor allen Gefahren schützen möchten, werden diese nicht selbstständig und lernen nicht, selbst mit möglichen Gefährdungen zurechtzukommen. Beide Seiten sollten also aufeinander zugehen, sodass Konflikte in den Familien wegen des Ausgehens zwar nicht vollkommen vermieden, aber doch vermindert werden können.

Aufgabe 78 **Gliederung:**

A) Beispiele aus unserer Gesellschaft

B) Welche Gefahren birgt deiner Meinung nach der Hochleistungssport für die meist sehr jungen Sportler?

   1. Keine beruflichen Perspektiven außer dem Sport

     a) Kein Schulabschluss

     b) Kein Beruf nach dem Abbruch der Karriere

   2. Psychische Probleme

     a) Weniger soziale Kontakte

     b) Sehr starker Leistungsdruck

     c) Gesundheitliches Risiko

   3. Gesundheitsprobleme durch Sportverletzungen

     a) Lediglich dürftiges Auskurieren von Verletzungen

     b) Überbelastung der Gelenke und Knochen

C) Spaß am Sport ist wichtiger als Sieg

Ausführung:

Hochleistungssportler wie Manuel Neuer und Sebastian Vettel strahlen uns von Werbeplakaten, aus Zeitungen und dem Fernseher an und werben für Sportbekleidung, Energydrinks, gegen Aids usw. Fast jeder Hobbysportler möchte so sein wie sie – berühmt, reich und erfolgreich. Doch meistens wird vergessen, dass der Hochleistungssport auch sehr viele Gefahren birgt, besonders für junge Sportler.

Menschen, die bereits sehr früh sportliche Leistungen auf hohem Niveau leisten, sind vielerlei Belastungen ausgesetzt: Zunächst raubt das für den Erfolg nötige Training viel Zeit; für die Schule bleibt so meist nur eine randständige Rolle. Im schlimmsten Fall schaffen es junge Hochleistungssportler nicht, neben den Trainingseinheiten und den Reisen zu Wettkämpfen einen Schulabschluss zu machen. Irgendwann ist aber ihre Karriere vorbei, denn ab einem gewissen Alter sind sportliche Spitzenleistungen nicht mehr möglich. Wenn man dann keinen Schulabschluss und damit keine Ausbildung hat, ist es schwer, einen Beruf zu finden. Wer Glück hat, kann als Trainer unterkommen oder einen vergleichbaren Posten einnehmen, bei dem die eigene Erfahrung von Vorteil ist. Wer weniger Glück hat, fällt nach Ende der Sportkarriere in ein Loch.

Daneben gibt es eine Reihe psychischer Probleme, die gerade sehr junge Sportler belasten können. Zum einen haben sie wenig soziale Kontakte, da sie gar nicht die Möglichkeit haben, nachmittags etwas mit Schulkameraden zu unternehmen, weil das tägliche Training den Großteil der Zeit in Anspruch nimmt. Im Extremfall werden die Kollegen aus dem Sportverein oder der Trainingsgruppe als Konkurrenten gesehen, und es entwickelt sich nicht einmal unter diesen eine Freundschaft. So erzählt zum Beispiel die Kunstturnerin Magdalena Brzeska, dass sie als Kind bei Wettkämpfen nicht mit anderen Teilnehmerinnen sprechen durfte, da sie diesen ja etwas über ihre Kür verraten könnte.

Die andere Gefahr für die Jugendlichen ist der hohe Leistungsdruck, da zuerst die Eltern und später auch die Trainer erwarten, dass sie immer Höchstleistungen bringen und die Besten sind. Diesen Druck erhöhen die Kinder nicht nur durch schlechte Leistungen, die sie manchmal trotz härtestem Training bringen, sondern auch durch besonders gute Leistungen. Denn die Erwartungen werden dadurch immer höher geschraubt. Dass dieser Druck viele Hochleistungssportler kaputt macht, sieht man beispielsweise am Skispringer Sven Hannawald, der magersüchtig wurde und sich in psychologische Behandlung begeben musste.

Doch das wohl entscheidendste Argument gegen den Hochleistungssport sind die gesundheitlichen Risiken. Einerseits werden des Öfteren Verletzungen nur notdürftig oder gar nicht auskuriert. So wird ein Knochenbruch oft nur durch Schrauben fixiert oder ein angerissenes Band mit Schmerzmitteln und Spritzen oberflächlich behandelt, damit die Saison nicht unterbrochen wird und der Sportler wichtige Weltcuppunkte sammeln kann. Doch manchmal wird aus einer kleinen Verletzung durch ungenügende Behandlung ein schwerwiegendes Handicap, wie man am Beispiel Martina Ertls sehen kann, die mit notdürftig verarztetem Kreuzbandanriss weiter Skirennen fuhr und sich bei einem Sturz das Band völlig riss, sodass sie ein Jahr pausieren musste.

Andererseits werden Knochen und Gelenke durch die ständige Anstrengung, besonders bei einer Sportart wie Kunstturnen, stark überlastet, was zu immensen Problemen führen kann. So erzielen beim Eiskunstlauf Kinder von 12 bis 15 Jahren die besten Leistungen und gewinnen Weltmeisterschaften, leiden dann aber als junge Erwachsene schon an Arthrose und schweren Sehnenschäden.

All diese negativen Aspekte, die man gerne verdrängt, sollten daran erinnern, dass sich hinter den strahlenden Gesichtern der Sieger oft Schmerzen, sehr viel Disziplin und die Angst, irgendwann einmal nicht der Beste zu sein, verbergen. Die Hochleistungssportler sind meist gar nicht zu beneiden. Deshalb sollten alle Eltern sportlich talentierter Kinder daran denken, ihren Nachwuchs niemals zum Training zu zwingen, auch wenn sie es gut meinen, oder so unter Druck zu setzen, dass ihre Kinder den Spaß am Sport verlieren.

Aufgabe 79   **Gliederung:**

A) Hinweis auf den Aufruf der SMV, Tutor zu werden

B) Welche Vorteile bringt das Tutorensystem mit sich?
    1. Aus der Sicht der Fünftklässler
        a) Information und Hilfe beim Eingewöhnen in die neue Schule
        b) Gemeinsame Aktivitäten mit den Klassenkameraden über den Unterricht hinaus
    2. Aus der Sicht der Tutoren
        a) Wichtige Erfahrung: Gruppen zu leiten
        b) Befriedigung durch das ehrenamtliche Engagement
    3. Aus der Sicht der Schule
        a) Attraktive Zusatzangebote
        b) Stärkung des Gemeinschaftsgefühls

C) Forderung nach noch besserer Schulung der Tutoren

Ausführung:

Regelmäßig zu Schuljahresende ruft die SMV dazu auf, sich im nächsten Schuljahr als Tutor für die Neulinge an unserer Schule zur Verfügung zu stellen. Aber welche Vorteile bringt dieses Tutorensystem eigentlich mit sich?

Für die Fünftklässler ist es in verschiedener Hinsicht hilfreich, Tutoren an der Hand zu haben. Sie müssen sich nicht nur in einer neuen Schule, sondern in einer ganz neuen Schulart eingewöhnen. Es kommen für sie neue Fächer hinzu und die Anforderungen werden komplexer. Die Tutoren können z. B. Hilfestellungen geben, um das ungewohnte Arbeitspensum zu organisieren, oder im Bedarfsfall geeignete Nachhilfelehrer aus höheren Jahrgangsstufen empfehlen. Darüber hinaus organisieren die Tutoren viele Aktivitäten, die über den reinen Lehrbetrieb hinausgehen. Wenn die neu zusammengestellten fünften Klassen gemeinsam Plätzchen backen oder an einer Schulhausrallye teilnehmen, erleichtert das den Neulingen die Eingewöhnung. Sie lernen ihre Klassenkameraden kennen, finden schneller Freunde und können sich so rasch in die Schulgemeinschaft einleben.

Aber auch die Tutoren profitieren von ihrer Tätigkeit. Sie werden von den Verbindungslehrern und Spezialisten extra dafür ausgebildet, größere Gruppen zu führen und gemeinsame Aktivitäten zu organisieren. Diese Kenntnisse werden ihnen sicher später im Beruf nutzen, denn in vielen Bereichen muss man etwa Projekte planen und die Arbeit daran verteilen und koordinieren. Und wenn jemand Lehrer oder Lehrerin werden möchte, hilft es ihm im Beruf sicher weiter, wenn man z. B. schon Erfahrungen damit hat, Streit zu schlichten.

Nicht zuletzt gibt es den Tutoren aber auch ein gutes Gefühl, anderen geholfen und etwas Sinnvolles getan zu haben. Man wird dadurch zufriedener und kann zu Recht stolz auf sich sein. Die Tutoren bekommen zwar kein Geld – das Gefühl der Bestätigung und die Anerkennung, die sie für ihre Tätigkeit bekommen, ist aber im Grunde ein noch schönerer Lohn dafür.

Natürlich ist es auch für die Schule als Ganzes von Vorteil, wenn sie über ein gut organisiertes Tutorensystem verfügen kann. Wenn eine Schule nämlich viele attraktive Zusatzangebote wie eine Schulhausrallye auf dem Programm hat, spricht sich das schnell herum. Grundschüler erfahren etwa über ältere Freunde und Geschwister von derartigen Highlights und werden sich vielleicht genau für dieses Gymnasium entscheiden, wenn die Wahl einer weiterführenden Schule ansteht.

Generell stärkt das Tutorensystem das Gemeinschaftsgefühl. Ältere Schüler kümmern sich um jüngere, mit denen sie sonst nie etwas zu tun hätten. Und auch umgekehrt sehen die Fünftklässler, dass sie sich vor den älteren Schulkameraden nicht zu fürchten brauchen. In einer Schule, in der man sich gegenseitig hilft und gemeinsam etwas auf die Beine stellt, fühlen sich alle wohler als in einer Umgebung, in der sich alle nur um die eigenen Probleme kümmern.

Somit profitieren vom Tutorensystem alle: die Fünftklässler, die Tutoren selbst und nicht zuletzt die Schule. Gerade wenn die Schülerinnen und Schüler zunehmend Ganztagsunterricht haben und damit einen Großteil ihrer Zeit in der Schule verbringen, ist es wichtig, dass sie sich dort gut aufgehoben fühlen.

PRÜFUNGS-ANGST

STOPP DIE PANIK

Mit der Fußsohlen-Methode

Prüfungen können Angst- und Fluchtsituationen sein. Dein Körper schüttet Adrenalin aus und dämpft das Gefühl in den Füßen. Z. B. beim Weglaufen ist es gut, wenn man die Füße nicht spürt. Eine Prüfung ist aber **keine Gefahrensituation**. Signalisiere deinem Körper, dass du nicht weglaufen musst, und bring das Gefühl in deine Füße zurück:

Setze oder stelle dich hin.
Die Füße müssen den **Boden** berühren.

jeden einzelnen **Zeh** von klein **spüre** bis **e groß**.

Erkunde den **Bogen** deines Fußes.

Schließe jetzt deine Augen und **denke** dich in deine Füße hinein.

Fahre in Gedanken um die **Fersen**.

Spüre den **Druck** auf dem Boden.

Dein Körper **fühlt** die Füße wieder und denkt, er sei in keiner Panik-Situation, sondern in **Sicherheit**.

www.stark-verlag.de   **STARK**

Eure Lerntipps

aus der
Insta-Community

Chiara, 16

Verwendet Farben zum
Lernen! Es wird viel über-
sichtlicher. Und wenn man
den Lernzettel anschaut,
ist man viel motivierter
beim Lernen, weil er
schön bunt ist.

Özgür, 20

Vergiss nicht, wie weit
du bisher gekommen bist,
und wie viel Potenzial
in dir steckt.

Miriam, 18

Bewusst eine Auszeit
zu nehmen ist
effektiver, als alles nur
aufzuschieben.

www.stark-verlag.de

Mehr Lerntipps findet ihr in unserer
Instagram-Community: @stark_verlag

STARK